中経の文庫

たった5秒思考を変えるだけで、仕事の9割はうまくいく

鳥原隆志

JN267644

KADOKAWA

あなたにも、
こんな経験はありませんか？

精一杯頑張っているのに
成果が出ない……

どうしてこうなるの？

毎日、残業しているのに
いつまでも仕事が終わらない……

どうしてこうなるの？

「よく考えてから仕事をしろ」と
上司に注意される……

どうしてこうなるの？

「どうしてこうなるの？」を
連発している人は、
的外れな
仕事のやり方をしています。

だから、
成果が出ないし、
評価もされません。

でも、そんな人でも、
ほんの少し
普段の行動を変えるだけで、

仕事の9割は
うまくいく

ようになります。
その方法とは……

行動する前の「5秒」の思考を変える。

たったこれだけの習慣で、
あなたの仕事や人生は
好転し始めます。

さあ、あなたも
「どうしてこうなるの？」ばかりの
人生から脱却しましょう。

はじめに

▼「考えて仕事をする」とはどういうことなのか？

「もっと考えて仕事をしろ！」
「そんなこと、少し考えればわかるだろう」

あなたは、このように言われたことはありませんか。
私はあります。そのとき私は、いつもこう思っていました。

「『考えろ』って言われても、いったい何を考えたらいいのだろう」

私の心の中に残るのは、自分に対する「精一杯頑張っているのに、どうしてこうなるのだろう」という自己嫌悪と、指示を出した人間に対する「どうしてきちんと教えてくれないのか」という恨《うら》みに近い感情です。

何を考えたらいいかわからない人にとって、「考えろ」と言われることほど、拷問《ごうもん》に近い指示はありません。「何をどのように考えればいいのか」を教えられていないために、考えたところで「何が正解なのか」がわからないからです。

この不条理は、私の中で長い間、モヤモヤとして残りました。そして、このモヤモヤは、私の仕事を余計に空回りさせていきました。

▼「考える人」は生き残り、「考えない人」は30歳までに淘汰《とうた》される

会社には当然「仕事をする人間」が集まりますが、それらの人は「評価される人間」と「評価されない人間」、つまり、「仕事ができる人間」と「仕事ができない人間」の2つに分かれます。**「評価されない人間」には、「頑張っているけれど、要領の悪い人」「一生懸命なのはわかるけれど、的外れな仕事ばかりする人」も含まれます。**

評価される人間は、次々と新しいことを教えられて、さらに経験値を高めていきま

す。まわりからの支援体制も整っていきます。だから、どんどん伸びていきます。

一方で、評価されない人間は「教えても無駄だ」と思われ、極端に言えばリストラ要員として区分けされます。

そして、**評価される人は「その人でなければできない仕事」に抜擢《ばってき》され、評価されない人は「誰がやっても同じような仕事」に回されます。**

この区分けは、20代のうちにおおよそ決まってしまうのです。


この評価の差は何でしょうか。まさに「考えて仕事をする人間」と、「考えずに仕事をする人間」の差なのです。

本書では、あなたに「考えるポイント」をお伝えします。

もちろん、何も考えずに仕事をする人はいないと思います。

しかし、考えるポイントがずれていると、他人から見れば「考えていない」と評価されます。なぜなら、あなたを評価するのは、あなた自身ではなく、他人だからです。

いくら自分が頑張っていても、他人が認めてくれなければ、あなた自身は「結果の出せない人間」というレッテルを貼られた仕事人生が続きます。

あなたは将来「あなたでなければできない仕事」をしたいですか。

「その人でなければできない仕事」と「誰がやっても同じような仕事」――。イメージしにくいのであれば、あなたのまわりの40代や50代の人を観察してみてください。仕事ができるオーラを放っている人は、間違いなく、「その人でなければできない仕事」をしています。

どちらを望むかはあなた次第ですが、「その人でなければできない仕事」に就けるのは、ごく一部の人間だけです。その「ごく一部の人間」は、20代のときに、考えて仕事ができるかどうかで決まってしまうのです。

本書は、次のような人に向けて書きました。

- **仕事を頑張っているのに評価されない、または成果があがらない人**
- **仕事に追われる生活から解放されたい人**
- **自分のやりたいことを実現するために、時間がほしい人**
- **「どうも考えている視点が他の人とずれている」とうすうす気づき始めた人**

今は考えることに慣れていない人も、「考えるポイント」さえわかれば、同じ仕事でも結果は大きく変わります。より少ない時間で、爆発的に成果をあげることもできるようになります。

▼たった「5秒」の積み重ねが、人生を変える

本書の特徴は、「インバスケット的な考え方」にもとづいて書かれていることです。おそらく今まで読まれた自己啓発本とは異なるでしょう。

インバスケットは、1950年代にアメリカ空軍で生まれたトレーニングツールで、「架空の人物になりきり、限られた時間の中で、より多くの案件を精度高く処理するビジネスゲーム」です。現在では、多くの大手企業で、管理職の選抜・教育用のテストとして使われています。インバスケットの考え方は、仕事の結果より、それに行き着くまでのプロセスを重視しています。

私は、日本で初めてのインバスケット・コンサルタントとして、一部上場企業をはじめとした幹部や管理者の方々の教育を担当したり、多くのビジネスパーソンの行動を観察してきました。その中で、考えて仕事をする人と、考えずに仕事をする人の差

を研究してきました。

この差は単純なものでした。ほんの少しの時間が明暗を分けていました。考えて仕事をしていない人は、5秒程度の〝あるプロセス〟が抜けていることがわかったのです。それは、**「仕事にとりかかる前に少しだけ考える」という行動**です。

誰もが考えているのですが、考えるポイントがずれているのです。しかし、考えるポイントを修正できれば、誰もが「仕事ができる人」に変われます。ですから、私がお伝えするのは、単純に「考えて行動する」ということ。それだけです。

本書では、むずかしい理論や根性論、精神論はお話ししないつもりです。今まで読んできた本の視点と少し違うかもしれませんが、インバスケットでいう「考えて行動する」とはどういうことなのかを知る一冊になると思います。

この本を読んでいただくにあたり、あえて述べたいことがあります。

それは、**「読むだけでは何も変わらない。行動しなければ、あなたは変われない」**ということです。

つまり、自分の今までの仕事のスタイルや行動パターンを変えることが必要なのです。変えると言っても、なにも朝早く起きる、ランニングをする、といった大きな変化ではありません。

行動する前に、「考える」という5秒ほどのプロセスを入れる。

それだけです。しかし、たったこれだけの変化でも、多くの人は「自分には必要性がないから」と言って行動を変えません。行動を変えることは、それだけむずかしいのです。これは、私が今まで１０００名以上のリーダーの育成をしてきた中で確信した事実です。

そこで本書はまず、あなたの現状にスポットを当てて、「なぜ、それだけ頑張っているのに、思うような仕事にならないのか」を考えます。

誤解がないように書いておきますが、仕事の成果が出ないのは、あなただけのせいではありません。もちろん、職場の環境や上司の資質もあるかもしれません。ただし、あなたがどれだけ頑張っても、外部環境は変えられません。

しかし、あなた自身は自分で変えられます。逆を言えば、**「自分を変えないかぎり、ずっと何も変わらない」**のです。

自分を変えることで、これからの成長角度は大きく上向きます。あなたは、20～30年後に年金を心配したり、リストラにおびえたりする生活を送りたいですか？

今のうちに、ほんの少し、5秒だけでも行動を変えることができれば、これから先のあなたの生み出す成果は数十倍変わります。

それは、ごく普通のサラリーマンだった私が、今このような本を書かせていただけるようになったルーツをたどれば明らかです。20代のときに「たった5秒」の行動変化を起こしたから、今があります。

その5秒が「考える」という時間なのです。**たった5秒の「考える」というプロセスさえあれば、成果はまったく異なるものになる**のです。

本書は「考えるべきポイント」を、豊富な事例をまじえながら説明していきます。

もし本書を読み終えた皆さんが、同じようなケースに直面したとき、「5秒の考える」を実行し、「考えない人」から「考える人」に変化を遂げることができれば、著者としてこれほどの喜びはありません。

鳥原　隆志

Contents

『たった5秒思考を変えるだけで、仕事の9割はうまくいく』

第2章

あなたは「やらなくてよいこと」をやっている

インバスケット
初級編

第3章
たった5秒で成果が出る「インバスケット」

インバスケット
中級編
★★

インバスケット
上級編
★★★

本文デザイン　新田由起子（ムーブ）
本文イラスト　ムーブ

本書は、2012年8月に小社より刊行された同名単行本を文庫化したものです。

第1章

あなたは本当に「考えて」仕事をしているか？

01 「設問」を履き違えるから「解答」を間違える

人は切羽詰まると「的外れ」な行動をとる

20代後半の頃、大手スーパーに勤務していた私は、大型店舗の食品売り場の責任者を任せられていました。

仕事をすればするほど、仕事に追われる日々で、ろくに休んでいなかったような気がします。そんなある日、ノイローゼになりそうなくらいに悩んだ事件が起きました。お客さまから、「買った商品が賞味期限切れだった」と苦情をいただいたのです。

すぐにお客さまの自宅にお詫びに行きましたが、厳しく叱責されました。お詫びだけでは許してもらえず、お客さまは、「今後、賞味期限切れの商品が絶対に並ばないような対策を今すぐ講じて、明日、説明しろ」とおっしゃいました。店に帰って店長に報告したところ、「おまえの管理不足だ」と、これまたひどく叱責されました。ひと通り叱られ終わると、時刻はもう、22時を回っていました。

さて、私はそこからどんな行動をとったと思いますか？

私が始めたのは、照明の落とされた売り場でひとり、自分で商品の賞味期限をチェックすることでした。今にも折れそうな心で、一つひとつ商品を手に取り、賞味期限を確認していったのです。

この話を聞いて、どう思うでしょう。

お笑いになる方もいるかもしれませんね。

しかし、私は真剣に、「翌日の営業で、賞味期限の切れた商品を販売してはいけない」という一心で商品をチェックしていたのです。

……いや、本当のことを言えば、そのときに頭の中に浮かんでいたのは、「もし、

賞味期限の切れた商品を、先ほどのお客さまがまた買われたらどうしよう」という不安であり、その感情が、私をそのような行動に駆り立てたのだと思います。

当時任されていた売場には、売価で８０００万円ほど、商品数で1万種類ほどの商品が置かれていました。ひとりで頑張っても終わらないのはわかっていましたが、それでも夜遅くまでチェックを続けました。自分にできる精一杯のことだったのです。

暗い店内で商品一つひとつの賞味期限をチェックしていたとき、永遠に終わらない仕事を前に、言い訳が次から次へと頭の中に浮かんできます。あってはならないことですが、「これだけ商品がたくさんあれば、ひとつくらい賞味期限切れが出てもしかたないよ」という考えが脳裏に浮かんだのも事実です。

そして言い訳は、次第に怒りに変わっていきます。

「俺は、朝から晩まで精一杯仕事をしている。それなのに、どうしてこんな目にあわなければならないんだ！　俺ひとりの責任じゃないだろう！」

こんな感じです。これは仕事に追われ、どうしようもなくなったとき、当時の私の心の中によくわき起こっていた感情です。

「何を解決すべきか」が見えているか

皆さんが私の立場なら、どのように行動されたでしょうか。

私自身、今振り返って考えれば、「なんと的外れな仕事をしていたのだろうか」と思います。つまり、考えずに仕事をしていたのです。

しかし、どうでしょうか。

今、やっている仕事も、あとで考えてみれば、「的外れな仕事だ」と思い返す可能性がないとは言えません。「客観的かつ論理的に考える」というプロセスを加えるから、的外れな仕事だと感じることができるのです。

的外れな仕事は、「考える」というプロセスが抜けているか、「考えるポイント」がずれているときに発生します。私の先ほどの例も、当時の自分なりに考えた結果の行動ですが、あきらかにポイントがずれていました。解決するポイントがずれていたのです。

「賞味期限の切れている商品を、同じお客さまが買うことを防ぐ」

これが、私の解決しようとした問題です。しかし、少し考えれば、

「いつも賞味期限の切れている商品がないようにする」

ことが、解決すべき問題だとわかります。ですから、どれだけ頑張って夜中まで作業をしたとしても、それは成果にほとんど結びつきません。

「何を解決するのか」がわかっていないと、いくら頑張っても成果が出ないのです。

もしあなたが、「毎日仕事に追われているのに成果が出ない」のであれば、それはあなたが、積極的に「成果が出ない仕事のやり方」をしているからです。

しかし、それが本当の問題ではありません。

本当の問題は、「成果の出ない仕事のやり方」そのものではなく、「何をすれば成果が出るのか」を知らないことにあります。

「考える」ことには、いろいろな角度があります。先ほどの私の事例も、考えるポイントがずれているので、努力が無駄になり、成果が出なかったのです。

「的外れな仕事」の生まれ方

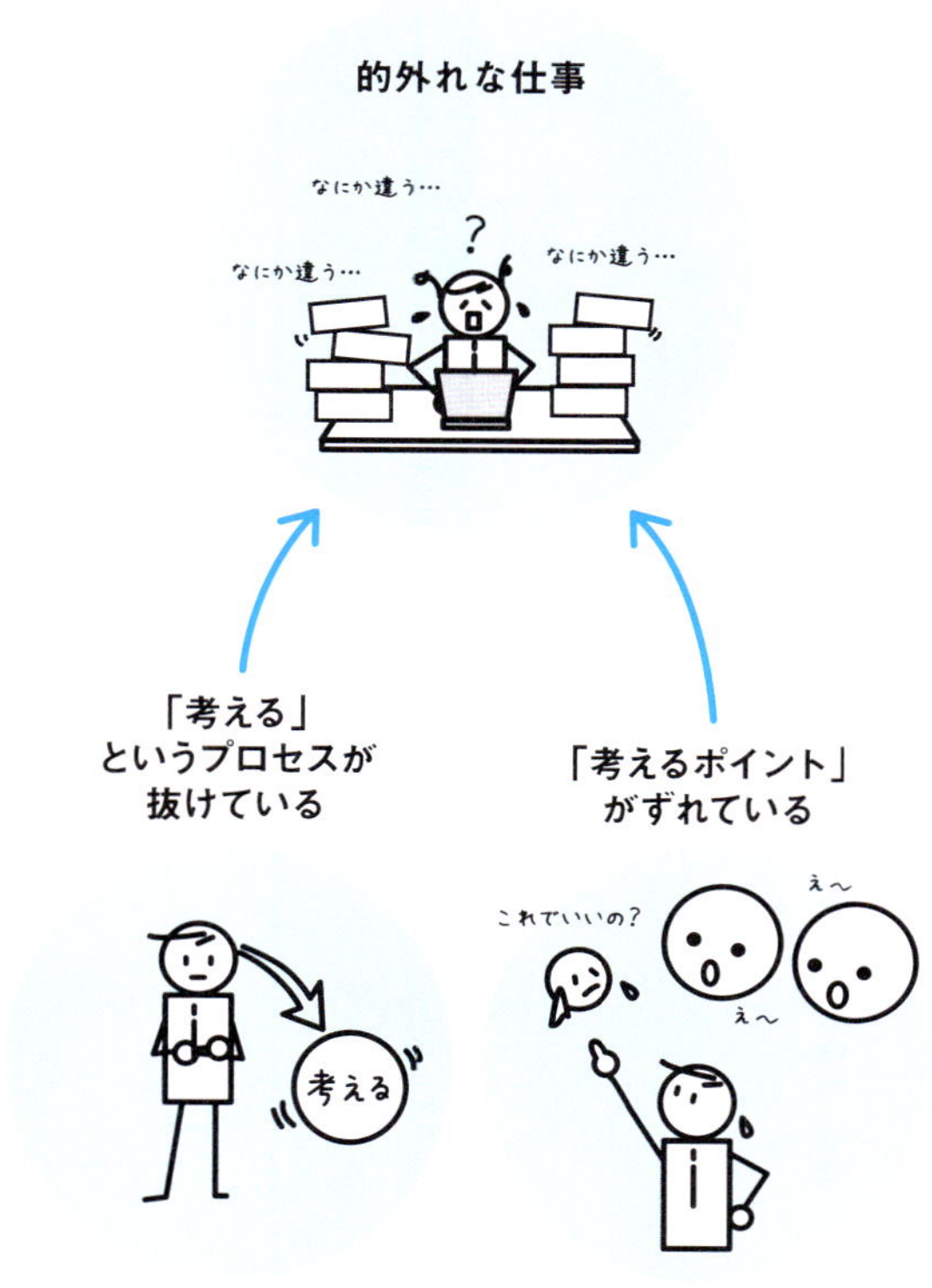
的外れな仕事
なにか違う…
なにか違う…
なにか違う…
「考える」
というプロセスが
抜けている
「考えるポイント」
がずれている
考える
これでいいの？
え～
え～

02 「頑張れば時間が増える」と思っていないか

力を入れ過ぎるから、時間の感覚を見失う

私はインバスケットの講師として、限られた時間内で成果をあげる仕事の方法を教えています。

その中のひとつに、「優先順位設定」というものがあります。これは言い換えれば「多くの仕事の中から、どれからするべきかを決めること」です。

はっきり言って、仕事のすべてを頑張る必要はありません。大事なのはほんの一部です。それだけ頑張ればよいのです。

インバスケットでは、たとえば、60分の間に20ほどの案件を処理することが望まれます。

しかし、実際の研修で出されるインバスケット問題は、時間内にすべての案件処理が終わるようにはつくっていません。そもそも、そんな短時間で、すべての案件を終わらせるのは無茶なのです。

それでも実際の研修では、多くの人が、頑張って20の案件を処理しようとします。そして、なかには20の案件を頑張って終わらせる人もいます。

ところが案件処理の中身を見ると、的外れな処理や、力を入れなくてよいところに、無理に力を入れているケースがよく見受けられます。

これらの問題を、時間内に頑張って終わらせること自体、仕事の進め方が間違っているのです。

インバスケットでの正しい仕事の進め方は、「すべてを頑張る必要はない。大事なのはほんの一部である。それだけ頑張ればよい」なのです。

したがって、何を解決すると、一番成果が上がるかを考えて優先順位をつける。そして、優先順位の高いものに力を入れる。これが、正しい仕事の進め方です。

成果を出す人は「何からすべきか」を考える

インバスケット問題で、すべてを頑張って終わらせようとする人には共通の特徴があります。

問題を受け取った際に、すぐに最初の案件から頑張って処理を始めていくのです。

インバスケットを経験されたことがない人であれば、未開封のメールがたくさん入った受信箱をイメージしてみてください。

一番上のメールから順番に開封して、内容を確認し、返信する——。このような行動をとる人は間違った頑張り方をしています。

では、正しい優先順位をつける人は、どのように処理しているのでしょうか。

間違った頑張り方をする人との違いは、ただひとつだけです。

「何からすべきかを考える」

このプロセスが入っているか、入っていないかだけです。

正しい優先順位をつけられる人は、インバスケットの問題を受け取っても、すぐに案件処理に入りません。

まず、「何からするべきか」を考えるのです。これが、成果を出す人の仕事の進め方です。

未開封メールも一番上からは開きません。最も重要なメールから開いて、処理を始めます。

これらは、行動面から見た違いですが、もちろん、行動は考えから発生します。

だから、これらの違いの本質は、**「もっと頑張ろうと思わない。頑張らなくていい方法を考える」**ことなのです。

「頑張り」を捨てると成果が出る。それが仕事の本質

なぜ、頑張らなくていいのか。それは、時間には限りがあるからです。

たとえば、このような状況のときに、あなたはどのように行動するでしょうか。

「月末で、もともと忙しいのにもかかわらず、上司から別の仕事を振られ、他部署からは資料の請求などがあった。このままでは今日は何時に帰れるかわからない……」

このような状況でも、頑張ってすべて片づけようと思っていませんか。

頑張れば、時間が増えたような感覚が起きませんか。

しかし、時間は限りがあって減るものです。決して増えるものではありません。

だから、「頑張ってすべて終わらせよう」というのは間違いです。

どうすれば、頑張らなくてよいか――。このように考え方のポイントを変えると、やらなければならない仕事を手帳に一覧にして、どこに力を入れたらよいのかを考え始めることができます。

頑張ろうというあなたの気持ちは尊く、すばらしいものです。

しかし、考えるポイントを変えることが成果につながるということを、ぜひ知ってほしいのです。

仕事の8割は捨てていい 03

「達成感」と「成果」を切り離して考える

突然ですが、お休みはとれていますか。

そのお休みは、あなたにとって本当に「休日」と言えますか。

研修でお会いする人の中には、休まない人が多いことに驚きます。もちろん、企業の中核戦力ですから、忙しいのはわかります。

私自身も、一時期は休まない日々が続きました。起きている我が子の姿を見て、「久しぶりだなあ」と感じたこともあります。

しかし、とにかく成果をあげなければならない。そう思い、自分を奮い立たせる意味でも、仕事の計画を詰め込みました。

当時の私の仕事は、いくつかの店舗で売り場指導をすることでしたが、手帳には1日4店舗ほどの巡回スケジュールを詰め込んでいました。かなりハイペースで回らないといけないスケジュールです。

1日4店舗のハイペースであれば、1週間で全店舗を回ることができます。そうです、私の当時の仕事の目標は、**「担当しているお店を1週間ですべて回る」**ことだったのです。

だから、きっちりと訪問時間を決めて、計画的に回ろうとしました。お昼も車の中で食べながら移動し、休憩もとりません。

しかし、お店に行くと問題点を発見したり、相談を受けたりします。そうして指導をしていると、時間は徐々にずれ込み、最終のお店に到着したときにはすでに社員が帰ってしまっていた、ということもよくありました。

誰もいない売り場をチェックして、あまりにひどいところは自分で手直しをする。そして、夜遅くに自宅へ帰る。そんな日々が続いていたのです。

自分では「計画通り、全店を巡回した」という達成感はあるのですが、なぜか成果はともないませんでした。

それどころか、ある日上司からこんな指摘を受けたのです。


「キミは、お店を回ることが目的になっていないか？」

「やめる」ことは「やる」こと以上に重要

「俺は、こんなに頑張っている。他の同僚が早く帰っても、自分は夜遅くまで仕事をしているじゃないか」という思いから、私は上司の指摘をすぐには受け入れられませんでした。

一方で、「自分ですべてやらなければならないと思い込んでいるだけではないか」「自分の仕事のやり方が、本当に成果につながっているのか」という疑問をもっていたのも事実です。

あらためて私は、自分の仕事のやり方を考えてみました。

「1週間で全店を回ることに、どんな意味があるのか？」

そう考えると、上司や他人に「1週間で全店巡回した」と言うために仕事をしていることに気づいたのです。

「自分でやらなければならない」と思っていると、他人から指摘を受けても、自分の仕事を否定されているようで気分が悪いかもしれません。

しかし、業績が伸びる人は、他人から指摘を受けることを脅威ととらえるのではなく、**他人から指摘を受けるときは「考える」大きな機会**だととらえているのです。

私自身も、上司に指摘されたことにより、「自分がやらなければならない」と思っていることが、的外れな仕事につながっていると気づき、1週間で全店を巡回することをやめたのです。

それまで続けてきた目標を自分でやめるのは、勇気が必要ですし、自分のやり方を否定することでもあります。

「今までやってきたのに、今やめるのはもったいない」

正直、そんな気持ちもありました。

しかし、「やめる」という行動は、「やる」という行動以上に重要です。なぜなら、やめてみないと、新しいことをやる時間が生まれないからです。

つまり、**「やめる」と考えることで、あなたは追われる身から解放される**のです。

「重要な2割」に力を集中させる

その後、私は「全店を巡回すること」をやめました。

問題のあるお店や業績不振のお店など、自分が解決しないといけない課題がある店舗を重点的に巡回し、指導することにしたのです。

問題のあるお店には、丸一日張りつきました。ときには2〜3日連続で指導したこともありました。

巡回した店舗の数だけで言えば、おそらく以前の2割ほどになりました。しかし、確実に成果は上がってきました。

不思議ですよね。「とにかくすべてのお店を回らなければならない」と思っていた私が、今あなたに「すべてはしなくてもいい」と話しているのですから……。

しかし、これは、実際にやめてみなければわからないことです。

今までやってきたことをやめてみると、すべてをやらなくてよいとわかるのです。

極論を言うと、**今やっている仕事のたった2割だけでも、十分な成果が出る**こともあるのです。

第2章

あなたは「やらなくてよいこと」をやっている

01 仕事には「許される失敗」と「許されない失敗」がある

「どの失敗をするか」を選びなさい

「なんてことをしてくれたんだ！」

そう怒鳴る上司。

あなたは、それほどまでに叱られると思っていないので、ショックを受けてしまいます。逆に、

「うん、わかった。今後は気をつけてくれ」

言い訳をたくさん考えていたのに、肩透かしを食らうこともあります。

誰でも多くの失敗を繰り返します。

私も、電車を乗り間違えたり、待ち合わせに遅れたりします。プライベートでも、まったく魚のいない釣り場のポイントを選んで後悔するなど、たくさんの失敗をしています。

・ケアレスミスで起こった失敗
・再発した失敗
・上司の言うことを無視して起きた失敗
・ほめられる失敗
・自分では対処のできない失敗……などなど

世の中には、数えきれないほどの失敗があふれています。

しかし、失敗には種類があります。

大きく分類すると、**「許される失敗」と「許されない失敗」の2つ**です。

まず、ビジネスをするうえでは、この2つの失敗があることを理解しておかなければなりません。

そもそも、ビジネスは失敗の裏側で成り立っています。

「失敗の可能性がゼロ」という仕事はありません。取引先とのメールのやりとりに始まり、大きな売上につながるプレゼンテーションまで、すべてに失敗の要素が含まれているのです。

私自身は、失敗を恐れて何もしないことは最大の失敗だと思っています。許されない失敗のひとつです。

「失敗をしなければ評価される」と思っている人もいますが、そういう人は大きな成果を残せないと、私は確信しています。

だからと言って、「失敗をしていいのか」と言うと、これも違います。

大事なのは、**「許されない失敗」をしないこと**です。

失敗は「影響度」で測る

ここで、「許される失敗」と「許されない失敗」の違いを整理しましょう。

許される失敗は、影響度の小さい失敗です。

許されない失敗は、影響度の大きい失敗です。

インバスケットでは、「重要度」という言い方をよくするのですが、重要と言うと、人の価値観が大きく関係してくるので、あえて「影響度」という言い方をしています。

影響度とは、その失敗が起きたことで発生する影響の度合いを言います。

たとえば、「どの程度の損失が出たのか」というのは影響度です。

１０００万円の損失の失敗と、１万円の損失の失敗とでは、どちらの失敗がしてはいけない失敗なのかは、あきらかですよね。

影響の範囲も重要です。

この失敗をすることで、自分だけ被害を受けるのか、それともチーム全体が受けるのか、さらに、取引先など社外にも迷惑をかけるのか――。そう考えると、失敗の影響度がわかります。

「許されない失敗」は事前の確認で回避できる

ひとつの事例で考えてみましょう。

Aさんは、取引先に提出する企画書をつくっています。取引先からは「17時までに必ず送るように」と言われています。

Aさんは、なんとかこの取引をモノにしたいと考え、細部にいたるまで、念入りに企画書を仕上げています。17時少し前にようやく完成し、念のため印刷してみました。すると、太字にしたはずの文章の最後の「。」だけが、太字になっていませんでした。Aさんは慌てて修正します。そして、17時ちょうどにメールを送ることができました。

やれやれと思っていると、取引先から数行のメールが返ってきました。「期限が過ぎたうえに、送ってきたメールに添付ファイルがついていなかった」と書いてあり、さらに「残念ながら、今回は貴社の企画の検討は見送る」と結論づけられていました。

この例の中で、「許される失敗」と「許されない失敗」はどれでしょうか。

Aさんは決して無能な人ではありません。この取引を獲得するために、企画書の細部まで完璧にしようとしたのです。

しかし、Aさんに足りなかったのは、どの失敗が「許されない失敗」なのかをわかっていなかったことです。

つまり、「『期限内に、取引先に企画書を送れない』という失敗は影響度が大きく、絶対に許されない」という前提に立てば、細かい文字の失敗は許されると考えるべきです。

だから、確実に余裕をもって取引先に企画書のファイルを送り、送信メールフォルダの送信控えをチェックしたうえで、取引先に電話をかけて確認する。このように許されない失敗を、まず回避することを優先すべきだったのです。

Ａさんのように一生懸命やっているのに、結果的に許されない失敗をしてしまう。あなたにも、このようなケースはありませんか。

経験上このケースに陥りがちなのは、責任感が強く、完璧を目指すタイプの人が多いのですが、そのようなタイプの人こそ、**どれが許される失敗か、どれが許されない失敗かを考えること**が必要です。

02

「動いている仕事」は放っておいていい

すべての仕事を回し続けることはできない

「皿回しをしていると、お皿が一気に落ちてしまうんです」

ある研修で、女性の研修生が言いました。

仕事ができそうな才色兼備の雰囲気を備えた女性だったので、私の頭の中で、この人が皿回しをしている姿が、どうしても想像できませんでした。

しかし、よく聞くと、日々の忙しい仕事の情景を「皿回し」にたとえていたのです。

少し考えればわかることですが……。

本書ではこれから、「仕事」のたとえとして皿回しを多用していきます。回ってい

仕事は「皿回し」と同じ

る皿を、仕事に置き換えてイメージしてください。

さて、本題に戻りましょう。

この女性は、ある企業の総務を担当しています。部下はいません。営業の人がもってくる契約書をチェックしたり、監査などの対応、事務所全体の管理などを担当しています。聞いているだけで、毎日の忙しさが伝わってきます。

彼女の話を聞いていると、「すべての仕事で失敗が許されない」と考えているようで、仕事を完全にやり遂げようとするタイプです。

「どの皿を割るか」を考える

仕事は、大きさの違う皿をたくさん回しているのと同じです。

どの皿の回りが遅くなり、落ちそうなのかを見極めて、その皿を回します。皿がひとつだけなら、それをじっと見ていればよいのですが、いくつかの皿が回っている場合は、キョロキョロと見回して、どの皿を先に回すべきかを判断します。皿を回しながら、まわりの皿を見て、落ちそうな皿を回しにいきます。

その判断は、むずかしいですよね。皿は順番に落ちてくれません。多くの場合、何個もの皿が一気に落ちそうになります。

そのときに、「どの皿を救うか」、いや、言い換えれば、「どの皿を割るか」を考えなければなりません。

仕事には、先ほど述べたように、「許される失敗」と「許されない失敗」があります。つまり、**割ってもよい皿と、割ってはいけない皿がある**のです。

もちろん、職業によっては、失敗が許されない仕事もあるでしょう。

たとえば、飛行機のパイロットや管制官は、些細なミスも許されません。人命がかかっているからです。しかし、彼らは、それだけの仕事をこなす能力やまわりのサポート体制があります。

それに対して、一般のビジネスマンは、すべての仕事を完璧に仕上げるだけの時間は与えられていません。つまり、限られた時間の中で、成果をあげることが望まれているので、多くの仕事がぎゅうぎゅうに詰め込まれるのです。

だからこそ、「許される失敗」と「許されない失敗」を見分けなければなりません。

「すべてをうまく回そう」とするから、すべて中途半端になる

100円の皿と5万円の皿が、同時に落ちようとしています。そのとき、あなたはどちらを回しますか？

このようなたとえなら、多くの人が「5万円の皿を回す」と答えると思いますが、実際には100円の皿を回す人もいれば、2つの皿の間でうろうろして、2つとも落としてしまう人も多いのです。

なぜ、そのような事態になってしまうのでしょうか。

それは、とにかく皿を回すことに精一杯で、落としてもいい皿と落としてはいけない皿の区別がついていないからです。そして、すべてをうまく回そうとしているからです。

だからこそ、**「すべての皿を回そうとしない。重要な皿を守る」**ということが大事なのです。

あなたが、ある企業の営業担当者だとします。今日は広島に出張します。空き時間が少しあるので、何社かにアポイントメントを入れ、新しい製品の提案をしようと考

えました。

すると、意外にもアポイントをとった４社すべてから、「説明に来てほしい」と言われました。

時間的には、すべてを回るのは厳しそうです。じっくり話すのなら２社。とにかくあいさつしてパンフレットを置くだけなら、４社とも回れそうです。

会社の概要とメールの返信内容は、それぞれ次の通りでした。

Ａ社　資本金３００万円　「どのような商品か興味があるので、ぜひ説明を聞きたい」

Ｂ社　資本金１億円　「話を聞いてもいいが、検討段階」

Ｃ社　資本金１０００万円　「責任者が不在だが、代わりに話を聞いてもよい」

Ｄ社　資本金５０００万円　「すでに購入したが、あいさつ程度なら時間をとる」

「４社すべて回りたい」と思いますよね。でも、こういうときは、あえて許される失敗をしましょう。回る企業を絞り込むのです。

この場合に許されない失敗は、「大きな取引、確実な取引の機会を潰してしまう」

ことです。

この前提に立てば、B社は企業規模が大きいので、取引額が大きくなることが予測され、また今後の取引の増大も見込まれます。だから、優先すべき商談相手です。

次に、A社は取引成立の可能性が高いと言えます。俗に言う、見込み客です。だから、あえてC社とD社を外してでも、じっくりと商談をするべきです。

「せっかくアポイントがとれたのに、C社とD社を外すなんてもったいない」と思う人もいるでしょう。私も同じ気持ちです。だから、C社とD社を外すことを「失敗」と言っているのです。

しかし、A社とB社の取引を失うことを「許されない失敗」とすれば、C社とD社を外すことは、A社、B社と商談をするための「許される失敗」なのです。

順調に回っている仕事は回さなくてもいい

先の研修に参加された女性にも、同じことを言いました。

彼女は、事務所内の契約書の確認や顧客情報の管理が重要なミッションで、これらは許されない失敗です。逆に、備品の発注ミスや営業マンの机の上の清掃などは許される失敗です。

すべてをやろうとして、許されない失敗をするのであれば、「許されない失敗をしないために、許される失敗を犯す勇気をもつ」ことが大事です。

なぜアポイント先を選別する必要があるのかは、今までお話ししたとおりですが、D社の対応で悩まれた人もいると思います。過去に商品・サービスを買ってくれたお客さまは大切にするべきです。

しかし、限られた時間の中で成果を上げるには、「力をかけなくても進んでいる案件に、わざわざ力をかける必要はない」ということも知らなければなりません。

つまり、**「回っている皿を回さない、落ちそうな皿を回す」ということ**です。

いくら順調に回っていても、ひょっとしたら落ちるのではないかという目で見れば、どの皿も落ちそうに見えてきます。

大切なのは、落ちそうなタイミングの皿を優先して回してあげることです。そうすれば、結果的に多くの皿が回ることになります。

03 仕事は一度で終わらせる

「仕事のリボ払い」になっていないか

「いつでも一定額のお支払いでOK」

このキャッチコピーを初めて聞いたときは、「なんと画期的な仕組みなのだろう」と思いました。これは、私が20代の頃に流行《はや》り始めたクレジットカードの「リボ払い」のキャッチコピーです。

もちろん、支払金額が少なくなるという甘い話ではありません。仕組みは、こうです。毎月の支払いは一定額でも、返済期間が長くなるため、その分、利子の負担が重くなります。つまり、クレジット会社から見れば、うまみのある商品なのです。

しかし、リボ払いにも限度額があり、それを超えると翌月払いになって、支払いの請求がドカッとやってきます。

また、限度を超えなくても、完済しないうちは利子が発生しますし、支払期間が長くなれば、ずいぶん前に買った商品の代金をいつまでも払うことになります。だから、いくら払い続けても、なかなかリボ払いから抜け出せないという人もいます。

あなたの仕事は、このリボ払いになっていませんか。

・いつまでも同じ仕事に追われている
・やってもやっても、仕事がわいてくる
・毎日バタバタとして、気がつくと外が暗くなっている

このような状態にある人は、**仕事のリボ払い状態から抜け出す必要があります。**

「あとで……」という言葉には利子が付く

ひとつの事例をご紹介しましょう。

ある取引先の担当者からメールが来ます。商談のときに話したカタログを送ってきたのです。しかし、見積書が付いていません。

そこで、メールの返信で催促します。すると、「今、バタバタしているので、明日の正午までには送ります」とのこと。

ところが、期限を過ぎても一向に送ってきません。また催促します。するとお詫びのメールが来て、「夕方までには送る」とのこと。今回は期限を守ってくれたのですが、残念ながら購入はしませんでした。待っている間に、他社の製品に目移りしたのです。

この担当者は決してズボラでも、仕事をしないわけでもありません。逆に仕事熱心で、少し製品のことを聞くと、事務所に戻って調べてくれるほどです。ときには、休みの日に、自分の個人メールから回答を送ってくれることもあります。

しかし、仕事のリボ払いをする傾向が強いのです。

その場で終わらせればよいことも、「あとで報告します」「○日の×時までに送ります」が口癖です。

私から見れば、「事務所に帰って自分で調べなくても、誰かに電話で聞いて、その場で終わらせればすむことなのに……」と思ってしまいます。

あとになって、その担当者が転勤になったと聞きました。しかし、異動の連絡もありません。きっと、それも「あとで報告します」なのでしょうか。

先送りされた仕事は「成果を生まない仕事」に変わる

仕事は、その場で完結することが大切です。

「あとで……」

それは、時間の余っている人が言えるセリフです。

もち越した仕事は、利子が付いてくるのです。

もちろん、仕事をもち越したあなた自身も、「仕事を抱える」という利子が付きますし、お客さまも「待つ」という利子が発生します。

クレジットカードに限度額があるように、あなた自身の仕事のキャパシティや時間にも限度があります。

先送りされた仕事は、どんどん溜まっていき、次第に成果を生まない仕事ばかりになります。つまり、「買い物をしないのに利子ばかり払わないといけない」というリボ払い状態になるのです。

インバスケットの回答を見ていても、「のちほど確認してから……」「あとでします」といった回答を書いている人は、仕事のリボ払い状態に陥りやすい傾向にあります。もちろん、「仕事をすべて順番に片づけろ」と言っているのではありません。

優先順位をつけて仕事をするべきですが、**受けた仕事はあと回しにしないで、一気に片づける。つまり、仕事の現金一括払い**をしてほしいのです。

仕事に追われる原因は、あなたが仕事のリボ払いをしていることにあります。リボ払いだと、自分の限界を超えて仕事を受けてしまいます。

それをしてしまうのは、あなたが仕事のできない人だからではありません。逆に、責任感が強く、仕事の成果を出したいという気持ちが強いからです。

しかし、その気持ちが、仕事のリボ払いを生んでいる大きな原因であり、あなたはその利子を支払っていることに気づかなければなりません。利子に追われながら仕事をしているのです。

だから、常に**「今、仕事を片づけるにはどうするか」**を考える必要があるのです。

「仕事が進まない原因」をすり替えていないか

04

頑張れば頑張るほど空回る。その本当の原因は何か？

「もっと頑張らなければならない」

そのような気持ちで仕事をしている人も多いでしょう。

しかし、それは間違っています。

逆に頑張ろうとするから、仕事に追われる結果になっているのです。

私はインバスケット研修で、コップにあふれるくらいの水を注ぐ絵をたとえに、時間管理の説明をします。

71ページの絵の状態のとき、あなたはどのように対応しますか。

多くの人は、蛇口をひねって水を止めようとしますよね。

しかし、この絵をあなたの現状に置き換えると、どうでしょうか。入ってくる水を仕事、コップをあなたの時間と置き換えるのです。

仕事に追われているあなたは、コップからすでに水があふれている状態です。

そのとき、あなたはどのような行動をとっているでしょうか。

おそらく、コップからあふれた水を拭いている状態でしょう。

「もっと頑張らなければならない」と言って、こぼれた水を拭いていても、一向に埒《らち》があきません。つまり、**対応する方法が間違っている**のです。

「こぼれた水を頑張って拭く行動」をさらに頑張っても、あなた自身が疲れ果てるだけではなく、まわりからも「的外れな仕事の進め方をしている」と評価されるのです。

「そんなことはわかっている。だから、どうすればいいのかを知りたいのだ」

私だったら、そう思うでしょう。なぜなら、自分は精一杯、頑張っているのですから……。

しかし、**頑張るのはやめてください**。

その代わりに、こう考えてみるのです。

あなたの現状をコップと水に置き換える

「自分は十分頑張っている。だから、どうすれば楽になるかを考える」

つまり、仕事が進まないのは、あなたのせいでも、他人のせいでもありません。そもそもやり方が、間違っているだけです。

「たった5秒」の習慣で、すべてがうまく回りだす

今までのやり方を変えるのは、とてもむずかしいことです。しかし、今までのやり方で、たとえ2倍努力したとしても、成果はほとんど変わりません。

「頑張りが足りない」

「努力が足りない」

などと研修で言う人がいますが、それは問題をすり替えています。

「できないのは、自分のせいだ、他人のせいだ、会社のせいだ」と言うのも問題のすり替えです。

「問題は、やり方にある」という現実に目を向けることができないと、これから先もずっとコップからあふれた水を拭くことになり、一向に問題は解決しません。

では、どうすれば、やり方を変えることができるのでしょうか。

行動する前に、5秒間の〝あるプロセス〟を入れる。これだけで大きく変わります。

「たった5秒考える」

このプロセスを入れるだけでいいのです。

たった5秒考えるだけで、あなたの仕事が楽になり、成果を生む行動に変わります。

あなたが頑張っているのに、なかなか成果につながらず、その頑張りが評価されないのは、この「たった5秒のプロセスが抜けていた」からにすぎません。そんな些細なことが原因だったのです。

考えて行動すると、成果がともないます。

あなたの仕事の効率が大幅に改善し、あなた自身にも余裕が生まれます。成果を生めば、きっとあなたのまわりの人の見る目も変わってきます。

「考えて行動しているな」

「仕事ができるようになったな」

他人のよい評価を実感できると、仕事は10倍楽しくなります。

私自身もまわりに認められる仕事をしているときと、まったく関心をもたれない場合とでは、仕事に対する意気込みが大きく変わってきます。

ここで大事なことは、高評価はあなたのまわりの人が変わったからではありません。あなた自身が「考える」というプロセスを取り入れたという変化がもたらす、すばらしい成果なのです。

さあ、想像してみましょう。

仕事が楽になったあなたは、どのようなイメージですか？
まわりの評価が高くなったあなたは、どのような気分ですか？
大事な人から尊敬されるあなたは、どのような顔をしていますか？

それでは次章から、5秒考える行動を実践してみましょう。

第3章

たった5秒で成果が出る「インバスケット」

さあ、ここからはいよいよ実践編です。
インバスケットを実践するポイントは
行動する前に「5秒」考えること。
初級・中級・上級の「15の考える力」を身につけて、
あなたも「仕事ができる人」に近づきましょう。

初級編

START

①優先順位をつける力▼「本当にそれからするべきか」を考える

②問題発見力▼「本当にそれで解決するのか」を考える

③思いやりの力▼「相手がどう思うか」を考える

④自己分析力▼「なぜ叱られたか」を考える

⑤確認する力▼「本当にそれで大丈夫か」を考える

中級編

⑥**創造力**▼「本当にそれが一番効率的か」を考える

⑦**洞察力**▼「次にどうなるか」を考える

⑧**当事者意識をもつ力**▼「相手が何を求めているか」を考える

⑨**対策立案力**▼「ほかに手はないか」を考える

⑩**組織活用力**▼「誰に聞けばよいか」を考える

上級編

⑪ **段取り計画力**▼「仕事は進んでいるか」を考える

⑫ **課題形成力**▼「本当の原因は何か」を考える

⑬ **目標設定力**▼「ゴール」を考える

⑭ **リセット力**▼「白紙に戻そう」と考える

⑮ **逆算力**▼「逆算したらどうなるか」と考える

第3章では、実際にどのような場面で、どのように考えればいいのかポイントをご紹介します。

主人公は、27歳の緑川くん。電気機材メーカーの営業担当である緑川くんは、いつも頑張っているのですが、なかなか成果が出ません。的外れな仕事の進め方をする典型的なビジネスマンです。

緑川くんが、「どうしてこうなるの？」と思う場面が次々と登場します。「あなた自身が緑川くんの立場だったらどうするか？」を考えながら読んでみましょう。

インバスケット初級編★

1 優先順位をつける力
2 問題発見力
3 思いやりの力
4 自己分析力
5 確認する力

初級

1 優先順位をつける力

どうしてこうなるの？劇場

「さあ、メールでも処理してから商談に向かうか」

そう言って、緑川くんはメールの画面をチェックしています。

現在14時。このあとの予定では、あと1時間ほどで大事な商談に向かわなければなりません。そして、そのまま出張です。

今日は一度もメールを開いていなかったので、20件ほどたまっています。上から順番に開けて確認していきますが、やっと半分ほど終了し、あと20分ほど時間が残っています。

緑川くんは、時間ぎりぎりまで処理しておこうと考えました。

「よしっ、もう少しで全部終わるぞ」

向かいに座っている同僚の木下さんが声をかけてきました。

「緑川さん、取引先の徳丸様からお電話なのですが、不良品発生のメールを朝送ったんだけど、代替品を早急に手配してほしいとのことです」

緑川くんは、慌ててメールを確認します。

「うわっ、これかっ！　一番下にあるじゃないか」

たしかに、朝一番にクレームのメールが入っています。さらにもう1件、同時刻に別の取引先から商品未着のメールも入っています。

ふと気づくと、背後に人影が……。課長です。

「おい緑川、先週レポートしてくれた今月の売上予測だが、悪いけど俺のメールに送ってておいてくれないか。夕方の会議で使うから」

そう言うと、足早に立ち去りました。

「あのレポートは、たしか後輩の吉井につくらせたものだ」と思い出した緑川くんは、吉井に電話をかけます。すると逆に、吉井が切迫した声でこう言いました。

「先輩すみません。それより、今、総務課に来ているんですけど、先輩が『俺がやるから』と言っていた15時からの会議室の申請ですが、『書類不備のため受付できない』と言われているんです。どうしましょう」

「なに言ってるんだ。きちんと出したよ。ちょっと待て、控えがあるはずだから……あれ？　どこにいったのかな」

向かいの同僚・木下さんが心配そうに緑川くんに声をかけます。

「緑川さん、今日15時に会社を出るって言っていませんでしたか？　もう10分過ぎてますけど、大丈夫ですか？」

「うわっ、ヤバイ！　どうしよう……どうしてこうなるの？」

◉未読メールは、どう処理するか？

仕事の進め方には、いろいろなスタイルがあります。

私もインバスケット研修で多くの方の仕事の進め方を見てきましたが、正直言って、驚きの連続です。

たとえば、あなたが休暇明けに自分のメールを開くと、20件の未読メールが入っています。1時間ほどで、あなたは出かけなければなりません。

このような状況で、あなたはどのような順番で処理をしていきますか。

これはインバスケットの設定を、そのまま簡単に書いたものですが、実は、多くの人が、一番上にあるメールから順番に開けて処理を行っていくのです。

もちろん、時間内にすべてを開封できず、後半のメールを処理できない人も多くいます。

でも、ごく少数ですが、違った方法をとる人がいます。

「何からするべきか」

これを考えてから行動しているのです。

●すべての仕事に制限時間がある

未読メールを上から順番に開く人は、もうひとつ行動特性があります。「明確な時間設定ができていない」のです。いわば、時間は無制限にあるような感覚なのです。

ここでもし「1時間」という時間制限を決めればどうでしょう。仕事の進め方は変化するはずです。なぜならば、上から順番に処理をしていくと間に合わないからです。

本来、すべての仕事には、時間制限があります。時間の制約があれば、人は考えます。しかし、時間の制約がなければ、考えません。

だから、**期限がない仕事でも、作業の終了時間を決める。**

これが大前提です。

「今している仕事を、何時に終わらせるか」

仕事に取りかかる前の５秒間でいいので、このように考えてください。

本来、終業時間までの計画を組むのがあるべき姿ですが、実際にそこまでできている人は、優良企業のリーダーでもあまりいないのが現実です。

私も確実にできているかと言えば、皆さんに「やれ！」と偉そうに言えるレベルではありません。だから、そこまではお願いしません。

ただ、少なくとも、今行っている作業の目標終了時間を決めてほしいのです。

そうすれば、次のように考えることができます。


「何からするべきか」

そして、重要なものから手をつけていくことができれば、これだけで大きく行動に変化をもたらすことができます。

●「ほかにすべきことがあるのでは？」と考える

「何からするべきか」と考えることを、インバスケットでは**「優先順位設定」**と言います。

一見、簡単そうですが、実はこの「何からするべきか」というテーマだけで研修が一日できるほど、むずかしい判断をともないます。

だから、本書では、そんなにむずかしいことは求めません。

ただし、これだけは考えましょう。

「本当に、それからするべきか」

今やっている作業は、本当に今やるべき仕事なのか？　裏を返せば、「ほかにするべきことがあるんじゃないの？」と考えるのです。

私は、原稿を書いていて、漢字や用語の意味がわからないとき、インターネットで調べます。

ヤフーをよく使うのですが、ヤフーのページには、さまざまな誘惑的な言葉や情報があふれています。なのでつい、そのリンクをクリックしてしまい、いつの間にか何を調べているのかわからなくなります。

これが、「自分がしなければならないこと」と、「自分がしたいこと」のアンマッチです。

しかし、意識は今していることに向いているので、これに気がつかず、ネットサーフィンをしているうちに時間が過ぎていくのです。

●多くの人が「優先順位設定のクセ」にとらわれている

「本当に、それからするべきか」

これを考えるだけで、本来やるべき仕事が見えてきます。

これを考えずに、自分のやりたいことや目の前にあるものをやり、本来やらなければならないことができなくなると、どうにもならない状態になってしまうのです。

未読のメールがたくさんあったとしても、上から順番に開いていく前に、「本当に、それからするべきか」と5秒考えてほしいのです。

仕事の成果の大半は、優先順位設定で決まります。

成果の出ない人は、この優先順位が的外れになっていたり、自分の思い込みで優先順位を決めていたりするのが、その原因になっています。

これを「優先順位設定のクセ」と言いますが、多くの人が、このクセに気がついていません。

だからこそ、**「自分の優先順位設定は、本当に正しいのか」**と疑う時間を5秒つくってほしいのです。

皿回しは、多くの皿を回すことで観客に喜ばれます。たくさんの皿を回していると、同時に皿が落ちそうになります。

考えない皿回しは、すべての皿を回そうと右往左往しますが、考える皿回しは、大事な皿を決めて、それだけは確実に守ろうとするのです。

今すぐチャレンジ！

★この本を何時までに読み終えますか？

時間は無制限ではありません。期限を決めることで、より集中して読めます。また、本の内容に優先順位をつけて読むことができます。

★本当にこの項目から読むべきですか？

第３章は、どこから読み始めても大丈夫な構成になっているので、必ずしも前から順番に読む必要はありません。タイトルを見て、自分に必要だと思う項目から読んでみましょう。

初級

2 問題発見力

「本当にそれで解決するのか」を考える

どうしてこうなるの？劇場

「おい、緑川。このメール、おまえが出したのか？」

「えっ？　何か？」

「何かじゃないよ。一括で取引先にメールを出しているけど、BCCじゃなくて、CCに入れているじゃないか」

「あ、そうなんです。送信したあとに気がつきました」

「これだと、おまえが誰にメールを出したかだけでなく、送信先のメールアドレスまで丸わかりじゃないか。これはえらいことになった。どうするんだ。前にも同じミスをしたのに、なぜ繰り返すんだ！」

「申し訳ありません……。すぐにお詫びのメールを一括で出しておきました。あっ、今回は、きちんとBCCに入れておきましたから大丈夫です。今後気をつけます」

「なんだと……それで解決したと思っているのか？　少しは考えろよ」

「いや、考えろと言われても……きちんと対応したつもりですが……」

「少し考えれば、こんな対応をするわけがないだろう」

「えっ！　そうなんですか……。どうしてこうなるの？」

※**CC（カーボンコピー）**：この欄に入れたアドレスに同じ内容のメールが送信され、全受信者に差出人、宛先、CCのメールアドレスを含めたすべてが表示される

※**BCC（ブラインドカーボンコピー）**：この欄に入れたアドレスに同じ内容のメールが送信されるが、他に誰が同メールを受信したのかはわからない

◉「表面的な問題解決」で終わらせていないか

「問題解決」という言葉を聞くと、解決することに重きを置いてしまいますが、実は解決することよりも、まず先に「何を解決するべきか」を把握することが重要です。

これを**「問題発見力」**と言います。

仕事のできる人は、解決するべき問題を整理してから、本当の問題を明確にします。インバスケットの回答を分析していると、本当に解決するべき問題を見つけられる人は、全体の2割ほどしかいません。

残りの8割の人は、いわゆる「表面的な問題」にしか気がついておらず、そのあとの問題解決も「表面的な問題解決」になってしまっています。

「表面的な問題」と「本当に解決するべき問題」の違いは何でしょうか。

「取引先からの問い合わせメールに対して、回答を約束したにもかかわらず、ついうっかり放置してしまい、取引先からお叱りのメールが来た」

このようなシーンでは、あなたは、どのような問題を解決するべきだと考えるでしょうか。

このケースも、どう問題をとらえるかによって、そのあとの解決策も、そして成果も異なってきます。

「とにかく謝る理由を考えて、お詫びのメールを打つ」

このような対応は、いわゆる表面的な問題しかとらえていない、残念な行動です。

つまり、「相手が怒っている」という点を問題ととらえているから、このような行動になってしまうのです。

まず解決するべき問題は、たしかに相手の怒りを鎮《しず》めることかもしれません。しかし、それだけで終わってしまうと、また同じことが起きてしまいます。

相手が怒っているのは、問い合わせメールの返信が来ていないことではなく、「あなたに対して不満を感じていること」だと問題点をとらえ直すと、メールではなく、直接電話で心を込めてお詫びをするはずです。

また、本当に解決するべき問題は、「取引先へのメール返信を忘れた」という、あなたの仕事の進め方です。

だから、あなた自身の行動を変えることが本質的な問題解決になるのです。

●本当の問題を解決しないと、同じトラブルが起きる

ここでまとめましょう。

「これは解決しなければならない」と感じている問題が、本当に解決するべき問題であるとはかぎらない。

これに気づくことが大事です。

トラブルが起きたときは、どうしても表面的な解決をしたくなります。とにかく、その場を切り抜けることを考えるのではないでしょうか。

しかし、本当に解決するべき問題を解決しないと、時間がたってから必ず同じトラブルが起き、堂々巡りになるのです。

「また同じことが起きた」と思われたことはないでしょうか。もしあるなら、これは紛れもない堂々巡りの状態なのです。

皿回しで言うと、軸となる棒が曲がっているにもかかわらず、無理やり力を入れて回すことに似ています。曲がった棒で皿を回しても、うまく回るはずがなく、回す回数が増えるだけです。

「本当にそれで解決するのか」

このように5秒考えるだけで、これから起きる問題の多くを事前に回避することができるのです。

◉「どうでもいいこと」にとらわれていないか

さて、ここまでは、表面的な問題しか見つけられない人の話です。実は、的外れな仕事をする人には、もうひとつパターンがあります。

それは、**「どうでもよい問題にこだわりすぎて、大事な問題を見逃す」**というパターンです。

たとえば、他人が気づかないような些細な文章表現が気にかかり、相手にメールを送るタイミングを逃したり、深読みをしすぎて本来伝えるべきメッセージをうまく伝えられなかったり……といった例が挙げられます。

これは、比較的、問題発見力がある人に見られるパターンです。多くの問題を発見するのはいいのですが、**自分にとって大事な問題から片づけようとするのが悪いクセ**です。本人は大事だと思っても、他人から見ればほとんど意味がないことも多く、的外れな仕事と指摘されがちです。


皿回しでたとえれば、ある1枚の皿の回り方が気に食わないからといって、その皿ばかり注視してしまい、本来回さなければならない皿がバラバラと落ちて割れる様子を指します。

他人から見れば、その皿は回っているのですから、本来は気にしなくていいはずなのに、本人からすれば、その皿の回り方が気になってどうしようもないのです。

◉「価値観」が本当の問題解決を阻んでいることもある

的外れな問題解決をしてしまうのは、本人の「価値観」が大きく影響しています。「自分にかぎって的外れな問題解決はしていない」と私自身も思っていました。しかし、私を含めて誰もが、的外れな行動をとっている可能性があります。

たとえば、このようなことがありました。

出張のために、自宅から空港に直接向かうとき、「時間がぎりぎりかもしれない」と焦りながらも、もっていく万年筆を選ぶのに時間をかけていました。

実は、万年筆はほとんど使いません。しかし、こだわりがあるので、つい選んでしまうのです。

まわりから見れば、「そんな使いもしないものを選ぶ時間があるなら、すぐに空港に向かうべきだ」と思われるのかもしれませんが、自分自身にとっては〝どの万年筆をもっていくか〟を大きな問題ととらえていたので、的外れな行動になってしまったのです。

これは、他人から指摘されて初めて気がつきました。私自身が、回さなくてもいい皿を回している状態だったのです。

このように、誰しも価値観があるかぎりは、回さなくてもよい皿を回していることが必ずあります。

だから、問題を見つけたら、

「本当にその問題は解決しなければならないのか」

と5秒考えることが大切です。

そうすることによって、本来回すべき皿を見つけることができるはずです。

今すぐチャレンジ！

★本当にその本を読むべきか考えよう

本を選ぶときも、価値観や主観が大きく働きます。

たとえば、本来コミュニケーション力があるのに、コミュニケーションをテーマにした本を読んでも、あまり意味がありません。自分はもっとコミュニケーション力をつけなければならないと思い込んでいるだけで、本当はもっと解決すべき問題が潜んでいることが多いのです。

★家族や親友に自分の直すべきところを聞いてみよう

自分の欠点は、自分自身がよくわかっていると思いがちですが、実は、本当に解決すべきポイントは別のところにあります。

他人からフィードバックをもらうことで、本当に解決すべき問題が見えてくるはずです。

初級

3 思いやりの力

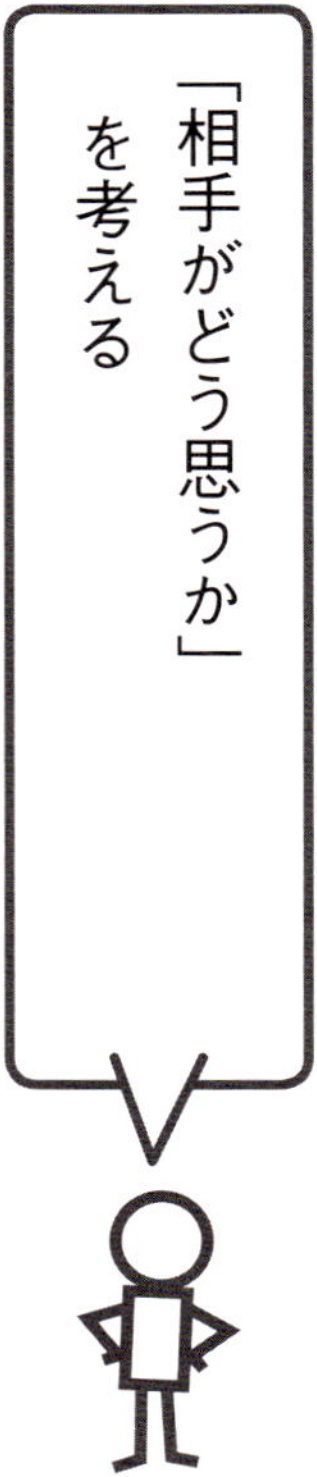

どうしてこうなるの？劇場

「おい、緑川。仁科《にしな》産業の太田部長にお礼状を送ったか？」

「はい、お礼状ではありませんが、メールでお礼をしておきました」

「なんだと！」

「え、まずかったですか？」

「いや、あれだけお世話になって、メールでお礼はないだろう。そういうときは、多少の手間がかかっても、直筆でお礼状を送るのが礼儀じゃないか。それがビジネスマナーというものだ」

「でも、向こうからも〝丁寧なメールをありがとう〟って返信をいただきましたよ。それに、直筆でお礼状をもらっても、俺だったら捨てるに捨てられないので、邪魔だと思いますよ。これが太田部長からいただいた返信のメールです。ねっ、先方も不愉快には思っていないですよね？」

そう言って緑川くんは、得意げにパソコン上のメールの文章を指し示しました。

「……わかった」

あきれる課長の表情に気づかず、緑川くんはさらに続けます。

「ついでに課長、来週の横山システムとの打ち合わせは、どのような流れで進めましょうか」

「知らん。キミの思うようにしろ。私は今後いっさい、キミに口出しをしない。好きにしなさい」

「え？　好きにしろって言われても……あれ？　課長怒っているんですか？　……どうしてこうなるの？」

◉忙しいと「自分中心」になりがち

忙しくてスケジュールが立て込んだり、自分のせいではないのにトラブルに巻き込まれたりすると、人はどうしても「自分」中心になりがちです。

ゆとりがあれば、もっと違う対応ができたのに、忙しいがゆえに自分の意見を押しつけてしまう。そう後悔したことが、私にもあります。

部下がせっかく提案してくれたのに、忙しさに負けて、適当に聞き流したことがありました。

私は、「なぜ、こんなに忙しいのに、部下はわかってくれないのか？」と思っていましたが、部下から見れば、「なぜ、せっかく提案したのに、上司はわかってくれないのか？」と思っていたわけです。

こうして、せっかくの提案が無駄になったばかりか、部下は「これからも提案しよう」という意欲も失ってしまったでしょう。

どうして、このようなことになってしまったのでしょうか。

ここでも、「考える」というプロセスが抜けていることが大きな原因です。

「その言葉や行動を受け取った人は、どのように思うか」

このように考えるプロセスが抜けているのです。

相手に配慮することは、「思いやり」などと言われますが、これは本書の中で紹介する考える力の中で、いちばん抜けやすく、安定的に力を発揮しにくい行動です。

インバスケットでも、限られた時間や極度のストレスの中で抜けやすい行動が、この思いやりや配慮、感謝の行動です。

◉語尾を変えるだけで、相手の印象が変わる

とにかく抱えている仕事をさばくのが精一杯。

それなのに、さらに多くの仕事をもってくる人々。

急な指示を出す上司。

何度も説明したのに、また問い合わせをしてくる取引先……。

「自分はこんなに忙しいのにどうして？」と思うのは無理もありません。

しかし、あなたがそう思うのと同じくらい、相手も相手なりの考えをもっています。

仕事のできる人は、断る場合でも、「相手がどうとらえるか」を考える力をもっています。

たとえば、お客さまからの電話の問い合わせで、あなたの会社で取り扱いのない商品を要望されました。要望に応えたいところですが、今は取り扱いがないので断るしかありません。

あなたならどのように断りますか？

「まことに申し訳ございません。あいにくそちらは取り扱いがございません」

この答え方でも間違いではありませんが、あなたがお客の立場だったとき、単に「ない」と言われると、きっとがっくりきますよね。否定されているような気になりませんか。

ここで、考えてください。

単に「取り扱いがない」と伝えるのではなく、その前に5秒考えてみるのです。

「これから言おうとする言葉を受け取ったとき、相手はどう思うか」

顧客視点に立っている営業担当者や販売員なら、このような答えが返ってきます。

「まことに申し訳ございません。あいにくそちらは、お取り扱いのない商品でございます」

先ほどの単に「ない」という答えと、どこが違うでしょうか。

これは、語尾の「ございません」と「ございます」の違いです。

「ございません」は否定的な言葉、「ございます」は肯定的な言葉です。

一見、たいしたことのない違いかもしれませんが、**相手ならどのように思うのかを考えることによって、言葉の語尾が変わる**のです。

◉「自分が言いたいこと」ではなく、「相手が望むこと」を言う

自分の言いたいことを伝える。たしかに、それで「伝える」というあなたの仕事は

終わるかもしれません。しかし、それでは単に「作業を終わらせる人」であって、「仕事ができる人」のやり方ではありません。

忙しい中、部下の提案があった場合でも、相手が望んでいること、相手が考えていることを想像すれば、返答のしかたは「単に断る」ではありませんよね。

部下は、「自分の提案を上司が評価してくれること」を望んでいるのです。これは相手の立場に立ってみて、初めてわかることです。

ですから、考えない対応は「忙しいから見ることができない」になり、考えた対応は**「今は忙しいけれど、ゆっくり見たいので、あとで見せてほしい」**になるのです。

「今すぐは見ない」という行動は同じだとしても、後者のように対応すれば、相手は「じっくり見てくれるのだ」ととらえることができるでしょう。

◉仕事を頼む前は相手の立場になって考える

上司に急ぎで確認してもらう書類があったときも考えなければなりません。

あなたなら、どのように行動するでしょうか。

自分のやりたいことを実行するために、いち早く上司のデスクに向かったり、上司に声をかけたりしていませんか。これは的外れな仕事をする人の行動パターンです。

仕事のできる人は考えます。

「今、確認をお願いすると、相手はどう思うか？」

だから、上司の行動を観察したうえでデスクに向かいます。

上司の立場になれば、忙しいときに「確認してくれ」と言われても困ります。

先ほどと反対の例ですね。

上司が確認できる状態か見極めて、さらに、他に確認してもらったり、報告したりすることはないかをまとめます。そうすれば、バラバラと何回も上司の手を止めることはなくなり、上司も助かるからです。

仕事のできる人は声のかけ方も違います。

「すみません、今よろしいですか」

ちなみに的外れな仕事をしている人は、自分の願望を押しつけます。

「この書類を確認してもらいたいのですが」

あなたが上司の立場なら、どのように感じますか？

●休日に、上司に連絡をすべきか？

こんな例はいかがでしょうか。

上司が休みのときに、上司に判断してもらったほうがよい案件があったとします。

あなたは、上司に連絡をしますか。

もちろん、緊急事態なら連絡をするべきでしょうが、休みの日には原則、連絡をすべきではないと思います。

「どうして？　上司なら当然の仕事でしょう」

と思われる人もいるかもしれません。

しかし、あなたが逆の立場だったらどうでしょう。休みの日に会社から電話がかかってきたら、どんな気分ですか？

うれしいわけがありませんよね。ましてやプライベートの時間なので、相手は何をしているかわかりません。恋人とゆっくり映画を観ている可能性もあります。病院で診察を受けているかもしれません。疲れた体をベッドに横たえて休んでいる可能性もあります。

そうした状況を考慮したうえで、電話したほうがよいかを判断するべきなのです。自分の都合だけで相手の貴重な時間を潰すようなことがあってはなりません。相手は上司であっても、経営者であっても、ひとりの人間なのです。

「相手がどのように感じるか」

これこそがコミュニケーションの掟であり、仕事のできる人は、このように考えてから行動しています。

◉贈り物ひとつで、考えているかどうかがわかる

私はスーパーで働いているときに、お歳暮やお中元を企画する役職に就いたことがあります。

もちろん、カウンターでギフトの受付もやっていましたが、ギフトを贈る人の中にも、失礼ですが、「考えて贈る人」と「単に贈る人」がいました。

たとえば、「単に贈る人」は、すべての人に同じ商品を贈ります。

「考えて贈る人」は、贈り先によって商品を変えています。

これは、贈り手が「自分だったらほしい」という考えで選んでいるか、それとも、「受け取った相手が喜ぶだろう」という考えで選んでいるかの違いです。

自分はソーメンが好きだからといって、相手にソーメンを送りつけるのはいかがなものでしょうか。あなたにとっては、「贈り物を送る」という作業は完了するかもしれません。しかし、受け取ったほうはどう思うでしょうか。たとえば、料理をする機会の少ない独身男性に、ソーメンを大量に贈っても喜んでくれるでしょうか。

「受け取った人の反応を予想する」と、正しい選択が見えてきます。

生もののギフトなどは最たる例です。送りつけておいて、「すぐに食べてください！」というのは、少し配慮が足りません。本来は「相手がどう思うか」を考えて送るべきものです。

　このような背景から、最近は「選べるギフト」というものがあることをご存知ですか。贈り先には商品は届かず、多くの商品が掲載されたカタログが送られます。そして、受け取った人が、その中から好きな商品を選びます。結婚式の引き出物として贈られることが多いですよね。

　しかし、これも相手の立場になって考えるべきです。

　ひょっとしたら相手は、あなたがどんなギフトを選んでくれるのかを楽しみにしているかもしれません。商品自体ではなく、あなたの「選ぶ」という行動に期待している人は、「選べるギフト」にがっかりする可能性があります。

◉「相手の立場で考える」ことが自分の願望を実現する近道

　優秀な皿回しは、観客が見ている前で、わざと皿が落ちそうな場面をつくります。見ている観客がハラハラし、会場がどよめくからです。「観客は興奮することを望んでいる」と知っているのです。

　この皿回しは、**「相手ならどう思うか」を理解しているの**です。

織田信長の小姓《こしょう》として仕えた森蘭丸《もりらんまる》が、雑務でカゴにミカンをたくさん載せて歩いていました。その様子を信長が見て、「あれでは蘭丸は転ぶぞ」と言ったのを知って、蘭丸はわざと転んだという話もあります。

これは、「主君の信長の判断が正しいと立証するため」とも言われていますが、信長自身も自分の考えが的中したことに満足したに違いありません。もし、そのまま森蘭丸が転ばずに無事ミカンを運んだことを報告したら、信長はどう思ったでしょうか。

自分自身の願望や思いを相手にぶつければ、必ず理解してもらえると思ってはいけません。

相手の立場になって、自分が言おうと思っていること、行動しようと思っていることがどう映るのかを考える――。**仕事ができる人は、それこそが自分の願望を実現する近道だとわかっている**のです。

初級

今すぐチャレンジ！

★今すぐ友人にメールを送ってみよう

相手はあなたから、どんなメールを受け取ったら喜ぶでしょうか。

そして、メールを送る前に文章を読み返してください。もちろん、受け取った相手の立場になって、もう一度、文章に手を加えてみるのです。

相手の喜ぶメールを送れば、必ず友人からは、あなたが送った文章以上の量のメールが返ってくるはずです。反対に、返ってこなかったら、あなたは、まだ自分の立場で考えるクセが残っている証拠になります。

★今までにあなたが送ったメールをチェックしよう

携帯電話の送信ボックスを見てください。

あなたが今までに送ったメールがあります。その内容を一度読み返してください。そして、そのメールが自分の受信ボックスにあると仮定して読んでみてください。どこかに変更の余地はないでしょうか。

初級

4 自己分析力

「なぜ叱られたか」を考える

どうしてこうなるの？劇場

「緑川くん、先日、私の机の上に置いてあった契約書の件なんだが……」

背後から、課長の低い声が聞こえました。

「あっ、徳山物産の契約の件ですね。どうですか。見ていただけましたか？」

「いや、見るもなにも、契約書だけ見せられても、状況がまったくわからないから、判断のしようがないだろう」

「あっ、それは、2カ月前にメールでご報告した内容ですよ。もう一度、報告したほうがいいですか？」

課長はあきれた表情で、こう言いました。

「あのねえ、2カ月も放置しておいて、急に『契約書に印鑑を押せ』はないだろう。その経緯もわからないんだから。仕事の進め方がなってないぞ」

「すみません……」

「そもそも、どうして契約書をつくるのに2カ月も時間がかかったんだ？　しかも、なぜ途中経過の報告もしないんだ。もしかしたら、相手は契約が成立したと思っているんじゃないか。こんな状況では判は押せないぞ」

「はあ、わかりました。では、徳山物産には、私から断りを入れておきます」

「何を言っているんだ。キミは叱られている意味がわかっているのか。そんなことを言っているんじゃない！」

「えっ、契約内容に問題があるのでは……」

「バカ者！　少しは考えろ」

「……どうしてこうなるの？」

初級
優先順位
問題発見力
思いやりの力
自己分析力
確認する力

◉叱られたときの感情には2パターンある

私も新入社員の頃は、よく叱られました。

もともと配属先が精肉売り場という職人ばかりの職場だったということもあり、教えるというよりも、叱って育てるという風土でした。

「おまえはアホか！」

「なにやってんねん。もっと考えろ！」

今ならパワーハラスメントと言われるような言葉を浴びる毎日でした。

このとき私は、叱られたあとに、自分の感情に2つのパターンがあることに気づきました。

ひとつは、「叱られてしまった」という被害者意識の感情です。叱られた理由はいまいちよくわかりませんが、「叱られた」という事実に落ち込むのです。

もうひとつは、「なぜ叱られることをしてしまったのか」という自分に対する反省の感情です。叱られるのは当然だと自分でもわかっているので、名前を呼ばれた瞬間ビクッとし、相手に申し訳ない気分になります。

あなたが叱られたときに覚える感情が後者であれば、考えている証拠ですが、前者のように、叱られたことに対して反感や憤りをもっているのであれば、次のように考えるプロセスが抜けています。

「なぜ叱られたのか」

なぜ叱られたのかわからないが、叱られた——。これほど叱るほう、叱られるほうともに無意味なことはないでしょう。いわゆる「叱られ損」です。

◉叱られたことをプラスのパワーに変える

叱られたときは「考えるチャンス」です。

通常、叱られたときは、なんらかのパワーが発生します。それらのパワーをマイナスのパワーに変えるか、プラスのパワーに変えるかはあなた次第です。

私も今まで、管理者として厳しく指導したことは何度もありましたが、叱って伸びる人間と叱ってへこむ人間がいます。

同じ「叱られる」という行動でも、「なぜ叱られたのだろう」と考え、プラスのパワーに変換できる人は、今回の失敗を取り返すために、なんらかの行動を起こしたり、別の行動でその失敗をカバーしたりします。

ところが、考えない人は「叱られてしまった」と被害者感情に支配され、叱った人間や会社に対する怒りや恨みなど、マイナスのパワーを蓄えることになります。もちろん、これらのマイナスのパワーは何も生み出しません。むしろ、同じ失敗を繰り返すばかりか、他の行動まで叱られるようになっていきます。

仕事の成果も、的外れのままになってしまうのです。

あるファミリーレストランでアルバイトをしていた学生の話です。

入店したお客さまをテーブルに案内すると、あとで店長から「なぜ、その席に案内したのか。次からは考えて案内するように」と叱られたそうです。

その学生は、なぜ叱られたのかわからず、納得できなかったので、あとで店長に理由を聞きに行きました。

すると、これからピークタイムになるにもかかわらず、6名がけの席に4名の家族連れを案内したのが、叱られた理由だとわかりました。つまり、店長は「できるだけ多くのお客さまが席につけるように考えて案内しなさい」と叱っていたのです。

学生は、これを聞いて初めて、自分の行動を変えることができました。

しかし、彼が納得のいかないまま、「なぜ叱られたのか」を考えなければ、きっと同じ行動を繰り返していたはずです。そして、店長はまた同じことで叱り、そのうちあきらめて叱ることさえしなくなるでしょう。

◉叱られるときは、必ず理由がある

なかには、自分の感情に任せて叱ったり、あなたのせいでもないのに八つ当たり的に叱ったりする人もいるでしょう。しかし、**「本当に、自分の行動に叱られる要因はなかったのか」**と考えなければなりません。

先日、あるショッピングセンターに行ったとき、駐車場の出口で車を誘導している人がいました。私の前の車が誘導員の指示通りに車を進めようとしていたのですが、その車が突然、急ブレーキを踏みました。

後方にいた私も、急ブレーキをかけました。追突するかと思うほどの急ブレーキだったので、ヒヤリとしました。どうやら誘導員が、自転車が横切ろうとしていたのを見落としていたようです。

当然、前の車のドライバーは誘導員を怒鳴りつけます。

しかし、その誘導員は苦笑いをするだけで、その車が行ったあとはシラッとしています。私は、その誘導員の指示は信用できず、自分の目で確認してから発進しました。

その後、ショッピングセンターで、その誘導員の姿を見たことがありません。

叱られるということは、必ず改善するべきポイントがあるのです。

だからこそ、「なぜ叱られたのか」を考えましょう。必ず、あなたを成功に導く改善点が見つかるはずです。

なかには、あなたに考えさせる目的で叱る人もいます。

叱るほうにもパワーが必要です。あなたは、そのいただいたパワーを、マイナスではなく、プラスに変化させてください。

皿回しも、「1枚も皿を割ったことがない」ということはあり得ません。叱られたり、怒鳴られたりして徐々に上達します。

叱られることに慣れて、「叱るやつが悪い」と思えば、今、回っている皿が割れるだけでなく、あなたに新しい皿を渡してくれる人さえいなくなります。

今すぐチャレンジ！

★「叱られた経験」を思い出そう

社会に出ると、叱られる機会は極端に少なくなります。

だからこそ、過去に叱られた経験を思い出して、叱られた具体的な行動を振り返ってみてください。あなたが叱られたポイントは、改善するべきポイントなのです。

★「またやってしまった」という失敗を思い出そう

「またやってしまった」という失敗は、前回叱られたときに、「なぜ叱られたのか」を十分に考えていない証拠です。そのような失敗を思い出し、あらためてその原因を考えてみましょう。

初級

5 確認する力

「本当にそれで大丈夫か」を考える

どうしてこうなるの？劇場

「よし、これで完了だ」

商品サンプルの梱包を終えたとき、後輩の元城さんから声をかけられました。

「緑川さん、宅配便ですよね。一緒に出しておきましょうか？」

「えっ、いいの？　助かるなあ。さっき課長から電話があって、明日の午前中着で、このサンプルを名古屋に送れって言われてさあ」

「新商品のサンプルですね」

「明日、得意先の大手町商事さんのプレゼンで使うらしいんだ。たまたま、サンプルが余っていたから大丈夫だったけど」

「そうなんですね。送り先とか間違いないですか？」

「そうだね、いちおう確認しておくか。うんうん、大丈夫」

「じゃあ、出しておきますね」


〈翌日午後２時〉


「緑川さん、課長からお電話です」

「はい、緑川です。えっ、サンプルが届いていない？　そんなことないでしょう。ちゃんと午前着で送りましたよ。……わかりました。すぐに調べます」

緑川くんは、慌てて送り状の控えを確認しようとしますが、手元にありません。

「そうか、後輩の元城さんに頼んだんだった。うわっ、まずい！　元城さん、今日は有給休暇か」

緑川くんが、元城さんの席を確認するために近づくと、見覚えのある荷物が目に入りました。

「あれっ？　おい！　この元城さんの机の下に置いてあるのは、昨日、頼んだ荷物じゃないか！　どうしてここに？」

ちょっとしたパニック状態になっていると、また課長から電話が入りました。

「あ、緑川です。実は課長、元城さんに発送を頼んでおいたのですが、どうも発送し忘れたみたいで……」

「バカ者！　なんで最後まで確認しないんだ。それに、到着確認もやっていないから、今ごろになって気づくことになるんだろう。どうするんだ！　あと10分でプレゼンが始まるじゃないか。少しは考えて仕事をしろ！」

「ううっ……どうしてこうなるの？」

◉「自分は信用できない」と考える

皿回しでは棒と皿を使います。

何度も練習すると、これらの道具も老朽化します。棒が曲がってしまえば回るものも回らなくなりますし、皿も何度か使えば一部が欠けたり、それがもとで微妙に回り方が悪くなったりします。

プロは念入りに確認をします。

私も研修の前には、念入りに確認をします。研修開始の時間や会場に入る時間、会場の備品と時計の場所（インバスケット試験の際に、時間を研修生に見えるようにするため）、ホワイトボードのマーカーなどのチェックを行います。

これだけ確認しても、「なにか確認し忘れたことはないか」と考えます。

こうした確認は、過去の自分の失敗を教訓に行っています。

以前、私と研修担当者の認識違いで研修開始時間を間違えたり、研修中にホワイトボードのマーカーが切れて、「見えにくい」と研修生から苦言を呈されたりといった経験がありました。だから、本番をスムーズに行うために、確認は絶対に必要なのです。「たぶん大丈夫だろう」とか、「今まで大丈夫だった」といった考えは捨ててください。逆に、こう考えるべきです。

「本当にそれで大丈夫か」

「自分がいちばん信用できる」などと言って確認を怠る人もいますが、それは違います。自分をいちばん信用している人ほど、自分を疑うべきなのです。「自分は信用できない」と考えるから、確認作業ができるのです。

●「きっと大丈夫だろう」は厳禁

ケアレスミスの多くも、確認不足から発生します。ミスは起こさないように気をつけても、必ず起こるものです。

「絶対、起こらない」という状況は存在しません。「ミスが起きる確率をできるかぎり少なくする」という考え方をもっているほうが、ミスは起こりにくいのです。

たとえケアレスミスであっても、ときには多くの人に影響を及ぼすことや、人命にかかわる場合もあります。そして、すべてあなた自身が責任を負うことになるのです。

確認は、ミスが起きる確率をできるかぎり少なくするために必要な行動です。その行動を引き起こすためには、

「本当にそれで大丈夫か」


と考えるステップが必要になるのです。

あなたにも、「確認をしておけば防げたミス」に心当たりがあるはずです。そのとき、どうして確認作業をしなかったのでしょうか。

多くの場合は、自分への過信が原因なのです。

「きっと大丈夫だろう」

このように考えたときや確認する必要性自体を感じない場合に、ミスは発生します。

実際に、確認をしなくても次の行動に支障はありません。だから、「なくてもよい作業だ」と省いてしまいがちです。

企業でもひとたびクレームが発生すれば、確認するという工程を組み込みますが、そのほとんどが、何か問題が起きてからです。しかも、しばらくたって同様のクレームが発生しなくなると、なぜか効率化という名のもとに、その工程がなくなります。このあと、クレームが再発するのは当然です。

「注意一秒　ケガ一生」

私が初めて車を運転するときに言われた言葉です。

「この道は誰も通っていないから大丈夫」と思って車のアクセルを強く踏んだ瞬間、右から人影が飛び出して……という事態が発生しないともかぎりません。「大丈夫だ」という思い込みは、まったく根拠のないものです。発生する可能性は必ずあります。だから、「大丈夫だ」と自分をだますことなく、「本当に大丈夫か」と考えることが大切です。

すべてのミスは確認不足や確認漏れから発生しています。ときには、ダブルチェックをしてもミスは発生します。

ミスはゼロにはなりませんが、確認すれば、発生する確率を抑えることはできます。

会社から取引先に向かう前に「あの書類、カバンに入れたかな」と思ったら、迷うことなく確認しましょう。

●「任せる」と「放置する」は違う

多くの場合、仕事はひとりでは行いません。自分のことばかり気にしていると、あなたの部下や後輩、外部の協力会社などの動きが見えなくなります。

そのようなときは、「きっと、うまく進んでいる。任せていれば大丈夫だろう」と考えてしまいがちですが、そのときも、「本当に大丈夫か」と考えましょう。

「任せる」と「放置する」は違います。たとえ人に仕事を任せても、進捗《しんちょく》の確認をするのは、任せた人の義務です。

逆に、任せっ放しで確認もしないのは、放置していることになります。それによりミスが発生すれば、あなたの確認漏れがミスの原因だととらえてください。

皿回しも、数人のチームで回す場合は、「みんなに任せていれば大丈夫」と考えるのではなく、ときどき、「決められた通りに、無事、皿を回しているか」を確認することは必要です。確認しないでいいと考えるのは、的外れな仕事をする人です。

初級
優先順位
問題発見力
思いやりの力
自己分析力
確認する力

今すぐチャレンジ！

★明日の出勤準備は大丈夫ですか？

事前に確認するべきことはないですか。明日の打ち合わせ先や経路、相手の情報確認は大丈夫ですか。

もう一度、確認するクセをつけましょう。

★チェックリストをつくろう

人間の頭ほどアテにならないものはありません。会議のときのチェックリスト、出張時のチェックリストなど、場面に合わせたチェックリストをつくり、確認作業をより効率化しましょう。

インバスケット

中級編★★☆

6　創造力
7　洞察力
8　当事者意識をもつ力
9　対策立案力
10　組織活用力

中級 ★★

6 創造力

「本当にそれが一番効率的か」を考える

どうしてこうなるの？劇場

緑川くんが、表計算ソフトのエクセルを使って、取引先に提出する資料を作成していると、後輩の赤井くんが話しかけてきました。

「緑川先輩、なんか忙しそうですね。手伝いましょうか？」

「いや、大丈夫。この資料は、数字のツジツマを合わせないといけないから……えっと、見積もり代金が、この数字を上回っているということは……」

そう言いながら、緑川くんは、手元の電卓を打ち始めました。

「先輩、エクセルを使いながら電卓叩くって……エクセルのイフ関数を使えばいいじゃないですか。そっちのほうが簡単ですよ」

「俺は電卓派でね。ややこしいものは苦手なんだよ」

「でも、すごく大変じゃないですか！　関数を入れて、数式をコピーしたら数分で終わりますよ」

「あのさぁ、俺は、この方法で今までやってきたんだから、放っておいてくれる？　人には、それぞれやりやすい方法があるんだよ」

「そうですか、わかりました。じゃあ、好きにしてください。まったく……」

あきれた表情を浮かべながら、赤井くんは、その場から去っていきました。

「あれ？　もしかして、あいつ怒ってる？　気まずいこと言ったかな。ああっ！　間違ってAC（オールクリア）ボタンを押しちゃった……。どうしてこうなるの？」

◉効率的にミカンを袋に詰めるには？

同じ条件で、同じ時間をかけているのに成果が違う――。これは、よく考えるとすごく不思議なことです。

同じビジネスマンなのに、何が違うのでしょうか。

その差は、次のことを考えているかどうかで生じます。

「どうすれば、より効率的にできるか」

もちろん、作業のスピードも成果に関係するでしょう。しかし、職人の域に達すれば別ですが、同じような仕事をしている人であれば、スピードは数十倍も変わりません。しかし、成果は数十倍も変わることがあります。

スーパーで、ミカンが袋に詰められて販売されています。

店員は棚に並べる前に、ミカンを箱から出して、5個や7個と決められた数量をビニール袋に入れていきます。そして、ビニールテープのようなものでとめて、値札を貼ります。

この作業をアルバイト2人に教えて、実際にやってもらったとします。すると、同時にスタートしたのに、時間内にビニール詰めできた数量に差が出ました。

試しにもう1箱ずつ、2人に作業してもらうと、2人の行動に差があることに気づきました。

2人とも箱を開けるところまでは一緒ですが、1人はビニールテープをいくつかまとめてカットし、机の端に貼り出したのです。

そのとき、もう1人はすでに袋詰めを始めていましたが、最後はビニールテープをまとめて切ったアルバイトのほうが、早く作業を終わらせていました。

早く作業を終えたアルバイトは、なぜこのような方法で袋詰めができたのでしょうか。確実に言えることは、これは長時間、考え抜いた結果ではありません。

袋詰めを始める直前に、「どうすれば、より効率的にできるか？」を考えることができた結果なのです。

◉暇なときの行動で差がつく

レジでも同じです。

スーパーのレジに長蛇の列……。あなたも見たことがあるでしょう。しかし、レジは時間帯によって混み具合に差があるなど、波があります。

レジを担当しているアルバイトにも目標があります。1台当たりの売上や、1台当たりの客数などです。同じ時間で、より多くのお客さまのレジを処理することが求められています。

ここでも、ほんの少し考えるかどうかで差が出ます。

売上の多い担当者と、そうでない担当者の差は何でしょうか？

よく観察していると、混雑したときではなく、暇なとき（アイドルタイム）の行動に差があることに気づきます。

売上の少ない担当者は、お客さまがいないときは、ボーッと立っています。しかし、売上の多い担当者は、何か作業をしています。事前にビニール袋をちぎり、すぐに商品を入れられるように準備をしているのです。

こうした行動の差が、生鮮品や濡《ぬ》れる恐れのある商品を袋に入れるときに、スピードの違いとなってあらわれます。

もちろん、事前に用意しているほうが、お客さまの商品を早く処理できます。売上の少ない担当者は、お客さまが来てからビニール袋を用意するので、時間がかかります。レジが混みあっているときほど、その差は顕著です。

これは、**「どうすれば忙しいときに、より多くのお客さまをさばけるか」**を考えた結果なのです。

●「安楽早正」が効率化のポイント

「どうすれば、より効率的にできるか」と考えることは、皿回しにたとえれば、いくつもの皿を力まかせに回すのではなく、

「どのように配置すれば、より多くの皿を回すことができるか」

「どの順番で回せば、より多くの皿を回すことができるか」

を考えることに当たります。

また、もっと効率的に皿を回そうと思えば、**「1本の棒で2枚の皿が回せないか」**

といったアイデアも出てきます。

効率を高めるツールは、あなたのまわりにたくさんあります。

たとえば、クリアフォルダや名刺管理ソフト、メールの振り分け機能などもそのひとつです。

これらの存在を単に知っているだけか、それとも便利なツールとして使いこなすかで、成果は変わってきます。

つまり、**「もっと安全に、楽に、早く、正しくできる方法はないのか」と考えるかどうかです。これを「安楽早正」と言います。**

◉10分の会議で効率的に注文を獲得！

会議なども効率的なツールです。

私がスーパーで会議を主催する立場だったとき、「少しだけでいいので時間をくださ い」と言ってきた営業マンがいます。

この営業マンは、全店の店長が揃っているときに、ある商品の説明をし、売り込み

中級
創造力
洞察力
当事者意識
対策立案力
組織活用力

効率的に皿を回す方法

①配置を工夫する

手の届く
範囲に置く

②回す順番を考える

落ちそうな
ものから回す
❶
❷

③１本の棒で２枚の皿を回す

これなら
一気に回せる

たかったのです。営業マンに与えられた時間は10分。見事、その場で商品の注文を取りました。

一方、別の営業マンは、13店舗を個別に訪問し、説明して回りました。そして、そのあとに発注書を各店に送り、集計しました。これらのプロセスを終えるまでに、1週間かかったそうです。

足で稼ぐことを否定するつもりはありませんが、成果の面で言えば、会議で10分の説明をした営業マンのほうが、はるかに受注数量が多かったのです。

会議後に、別の店舗が発注するのを見て店長間で競争意識が生まれたことと、説明後すぐに注文をとったことに勝因があったのでしょう。

どうすれば、より短い時間で成果を出せるのかを考えるのは大事なことです。

まずは、「決められた方法や今までの方法が一番効率がよい」という発想を疑うことから始めましょう。

今すぐチャレンジ！

★この本をより効率的に読む方法を考えよう

本も効率的に読むことで、時間を有効に使えます。たとえば、「通勤時間に読む」「お昼休みに読む」「クリップやしおりを使う」といった方法が考えられます。

★メールを早く確実に処理する方法を考えよう

たとえば、「メールに色を付ける」「自動振り分け機能を使う」「ソート機能を使う」といった方法があります。

「機能をどう活用するか」ではなく、「もっと効率的に処理するためには、どうするか」を考えることが大事です。

中級

7 洞察力

「次にどうなるか」を考える

どうしてこうなるの？劇場

「おいっ！　大丈夫か、しっかりしろ！」

どうやら、同僚の花田さんが突然ふらつき、倒れそうになったようです。そう言えば、朝から顔色が悪いように感じていました。

「緑川、ボーッと見ていないで動け！」

「えっ、動けって言われても、何をすればいいんですか？」

課長は、花田さんを近くのソファーに寝かせました。

「気が利かないやつだな。倉庫に行って、毛布を取ってこい」

「はい、わかりました！」

緑川くんが、倉庫へ走ろうと席を立つと、横からにゅっと毛布が出てきました。

「課長、この毛布でいいですか？」

ライバルの西岡です。

「おっ、西岡、さすがに先を読んでいるな。花田は熱がありそうだから、誰か体温計をもってきてくれ」

体温計は、たしか総務部の棚に入っているはず……。今度こそはと、緑川くんが総務部へ向かおうとすると、また、にゅっと体温計が出てきました。

「おおっ、西岡。ありがとう」

西岡は携帯電話を見ながら課長に言いました。

「花田さんを病院に連れて行ったほうがよいのではないでしょうか」

「そうだな」

「もうタクシーは手配しています。病院を確認したところ、市立総合病院が空いていているようなので、そちらに連絡しておきます」

さすが、できる男は違うな……と思っていると、内線が鳴りました。緑川くんは、自分の出番とばかりに勢いよく、受話器をとりました。

「はい、営業課です。えっ、ああ……女性社員ミーティング……花田ですね……しばらくお待ちください」

「課長」

「なんだ？」

「花田さんは、このあとの販売促進会議に出席の予定らしいのですが、どうしましょうか」

「バカ者！　この状況を見てわからないのか。まったく考えないやつだな」

「そんな……確認しただけなのに……どうしてこうなるの？」

◉「考えているかどうか」は、立っているだけで見抜かれる

企業研修に、わが社のスタッフをアシスタントとして連れて行くと、スタッフの洞察力がよくわかります。

同じ事象が起きても、スタッフによって、とっさの動きが違うのです。

たとえば、研修生が遅刻して入ってきたときに、「あっ、入ってきた」とボーッと見守るスタッフもいれば、すばやく空いている席に案内し、資料を渡すスタッフもいます。

また、進行の具合を見て、ホワイトボードに書かれた文字を消してくれるスタッフもいれば、指示をしないと消してくれないスタッフもいます。

そうした差は、行動しなくても、立っているだけでもわかります。1人はただ見ているだけで、もう1人は考えているのです。

もちろん、スタッフが悪いのではなく、教育をしていない私が悪いのですが、両者の違いは、次のように「考えているかどうか」で生じます。

「次にどうなるか」

このように考え、先を見る力のある人は、さまざまな情報をつかみ、全体の流れの中で現象を観察できます。これを**「洞察力」**と言います。

野球にたとえてみましょう。あなたが外野を守っているとします。バッターがボールを打ちました。

どこに落ちるのかを予測して先回りするのか、ボールをただ追いかけるのか、それによってボールをキャッチできるかどうかが決まります。

あなたは、手帳を見ずに、来週の仕事の予定を正確に思い浮かべることができるでしょうか。仕事のスケジュールの立て方も、単に日々の仕事をこなすのか、それとも来週の仕事を踏まえたうえで計画的に進めるのかで、成果も違ってきます。

「次にどうなるか」と考えることで、どんどん視野が広くなります。すると、先を見通せるので、仕事の先回りができるのです。

視野が広くなれば、大きなトラブルを未然に防ぐことができます。事態が複雑化する前に手を打てれば、後手に回ることもありません。

「次にどうなるか」という思考が定着していくと、まわりで起きていることからも先を読むことができます。

たとえば、同僚が大きなミスをしそうになったら、先を読んで助けることもできます。ときには、チーム全体を危機から救うこともできるのです。

そもそも、仕事はチームで動いているので、まわりで起きたことが回りまわって自分に影響が及ぶことがあります。事前に先を読んでいれば、それらにも対処できます。

◉リスクを察知すれば、余裕をもって仕事ができる

人は、何か起きたときに、「次はどうなる？」と考えます。

仕事ができる人も同じように考えますが、彼らの「次はどうなる？」は少し違います。彼らは、何も起きていない段階、つまり、まだトラブルが発生していないうちに、「次はどうなる？」と考えているのです。

これを**「リスクを察知する」**と言います。

問題が発生してから先を読むのも、すばらしい行動と言えますが、本来は問題が起こる前に、先を読んで行動するほうが、余計なパワーを浪費することもありませんし、

結果的に仕事の量も少なくてすみます。

皿回しでたとえると、「今にも落ちそうな皿は、どれだろうか」と注視するよりも、**「そろそろ回転が遅くなるのは、どの皿だろうか」と予測して行動する**ほうが、慌てずにすむので楽です。もし予測を誤っても、十分、計画を練り直す余裕もあります。

先を読んで皿回しをする人は、まわりで見ている人を安心させます。なぜなら、落ち着いて行動しているからです。落ち着きは、仕事を先回りして進めているからこそ、生まれるのです。

毎回ぎりぎりセーフで、ファインプレーのように見えるプレイヤーは、ドキドキはさせますが、安心感はありません。いつか仕事を追い抜かさないと、永遠に仕事に追われ続けます。

だから、常に5秒考えることが大切です。

「この先どうなるのか」

こう考えれば、あなたが仕事に追いつき、追い抜かす日ももうすぐです。

中級
創造力
洞察力
当事者意識
対策立案力
組織活用力

今すぐチャレンジ！

★天気予報は週間予報を見よう

まず天気から先読みしてみましょう。誰かから「なんだか天気が悪くなってきた」と言われたとき、「今週はずっとぐずつくみたいですね」などと答えられれば、相手は「この人は先を読んでいるな」と思うはずです。まずは、そう思われることの心地よさを知ることが大事です。

★上司から指示を受けたら、「その先」を考えよう

「これをコピーしておいて」の先は何でしょうか。上司は、そのコピーをどう使うのでしょうか。推理してみましょう。

中級 ★★

8 当事者意識をもつ力

どうしてこうなるの？劇場

緑川くんは、お得意先で商談中です。

「こちらの商品は、わが社のいち押しの商品でして……」

「なるほど、いい商品ですね。でも、うちの会社に、そんな高い機械を入れてもねえ。どうやって使えば……」

「しかし、高沢課長、この商品は、今、多くの会社から引っ張りだこなんです。早く在庫を押さえないと、品薄になるかもしれませんよ」

「そうは言ってもねえ、うちではなあ……」

困った表情を浮かべる高沢課長の言葉をさえぎり、緑川くんは、なおも営業トークを続けます。

「なんとか、お願いします！　価格もぎりぎりまで下げますから。実のところを言うと、今月ノルマを達成できるかどうかの瀬戸際なんです」

「緑川さんの熱意はわかりますが……しかし……」

「なんとか、お願いします！　この緑川を男にしてください。仮契約でもいただかないと帰れません」

緑川くんがしつこく食い下がると、高沢課長の表情が、一気にこわばりました。

「……いい加減にしてもらえますか。それは、そちらの都合でしょう。今回、この話は見送ります」

「えっ、そ、そんなあ。これだけお願いしたのに……どうしてこうなるの？」

●お酒の味がいつもと違う!

私の前職である小売業には、クレームがつきものです。

しかし、難癖《なんくせ》をつける人はわずかで、「今後も利用したいから、わざわざ意見を言っている」という方がほとんどです。

的外れな仕事をしていた当時の私も、クレームに対応する役職に就いていた時期がありました。

ある日、こんなクレームを受けました。

そのお客さまは、まず本社のクレーム窓口である「お客さまサービス」に電話をかけてこられました。「いつも飲んでいるお酒の味が違う」というご意見でした。

そして、お客さまサービスから、店舗担当の私に連絡が入り、後日、お客さまの家で事情をうかがうことになりました。

お客さまは、「数年来、この酒を飲んでいるが、微妙に味が違う」と主張されましたが、現品を調べるかぎりでは、賞味期限も保管状況も問題ありません。

メーカーに確認しても、同様のクレームは報告されていないようです。このような嗜好品《しこうひん》は、お客さまの感覚ひとつで味が異なってしまうため、調べても原因がわからないことがよくあります。

私は、お詫びをしたうえで、新しい商品に交換するか、代金を返却するか、お客さまに選んでもらうことにしました。

すると、お客さまは烈火のごとく激怒したのです。その瞬間、私は怒られた理由がわかりませんでした。

お客さまが求めていたのは「お金」ではなかった

私は、一瞬パニックになりましたが、すぐに我に返って、「お客さまは、なぜ激怒されているのか」を考えました。そして、お客さまの話を聞きながら、私は、ある結論に行き着きました。

お客さまは代金を返却してほしいわけでも、新しい商品がほしいわけでもない。**自分の意見が正しいと言ってほしかった**のです。

お客さまは高齢の男性で「どいつもこいつも、わしの言うことを疑ってやがる」と嘆いていました。

私は、怒らせてしまったことを詫びたあと、お客さまの目の前で、お客さまが買ったお酒を飲んでみせました。

正直言うと、味はよくわからなかったのですが、お客さまは満面の笑みで、「どうだ？　味が少し違うだろう」と聞いてきます。

「そうですね。少し違うかもしれません」と答えると、満足げにおつまみまで出してくれました。

無事、この案件は解決となりました。

そのお客さまが求めていたのは、「自分の話を認めてほしい」ということだったのです。にもかかわらず、「お金を返します」と言えば、怒るのも当然です。

●「上司はお客さま」だと考える

仕事は、与える側と与えられる側があります。そう考えれば、部下にとって、上司はお客さまとも言えます。だから、上司から仕事の指示を受けたら、自分の理解した内容を、そのまま行動に移してはいけません。

まずは、**「上司が何を求めているか」**と考える必要があります。

あなたがやりたいことと、上司が求めることは違う、という可能性があるからです。

指示を受けたら、「わかりました」と言う前に、このように考えましょう。

「相手が何を求めているか」

すると必然的に、上司に確認しておくべきことが思い浮かぶはずです。

「最終的には、このような状態になれば、よろしいのでしょうか」などと、上司が求めるものを確認することが大事です。

このように確認すれば、あなたは的外れな行動をする心配はなくなりますし、上司も仕事をスムーズに進められます。

想定していたものと異なるアウトプットが出れば、お互いに困りますし、信頼関係も悪化します。

◉あなたは、会社から何を求められているか？

自分自身に求められていることを察知する力を「当事者意識」と言います。

何を求められているかを察知するのは、指示や命令のときだけではありません。もっと大きなくくりで、当事者意識を発揮しなければなりません。

たとえば、あなたは会社から何を求められているのでしょうか。

それに対して明確に答えられなければ、「何を求められているか」を把握しているとは言えません。

仕事のできる人は、会社から求められているものを的確につかんでいます。だから、会社から評価されるのです。

いくら頑張っても成果が出ない人や、評価されない人は、会社から求められていることを理解していないことが多いのです。

私は現在、インバスケット研究所という会社の代表をしています。まわりの人たちからすれば、順調に成功の過程をたどっているように見えるそうです。

「目のつけどころが違いますね。どうして成功したのですか？」

ありがたいことに、このように聞かれることも多くなりました。

しかし私は、斬新な発想をもっているわけでも、商売的なセンスがすぐれているわけでもありません。ただ、愚直にお客さまが求めていることを、商品やサービスとして提供してきただけなのです。

恥ずかしながら、私も一時期、調子に乗りすぎていた時期があります。そのような時期に、「これは絶対に売れるだろう」と自信をもって開発した教材があります。

しかし、見事に売れませんでした。

その原因は単純です。

お客さまが望んでいないものをつくっていたからです。

「お客さまのニーズ」という言葉をよく聞きますよね。ビジネスをしている人なら、誰もが大切にしている言葉です。しかし、お客さまのニーズが、自分のニーズにすり替わってしまうことがよくあります。

だからこそ、「相手が何を望んでいるか」を考えるクセをつけるべきなのです。

●まわりの期待以上の成果を出すのがプロフェッショナル

皿回しも、何も考えずに、皿を回しているわけではありません。

「観客は、どのような回し方を期待しているのか」、また、「主催者はどのようなことを望んでいるのか」を考えています。

「自分に何が求められているのか」を感じとり、それを実現するのがプロフェッショナルの皿回しです。

自分のできることだけを精一杯やるのは、的外れな皿回しのやることです。

上司やまわりの人があなたに期待している成果を上回る——。それがプロの仕事であり、仕事で成果をあげる秘訣なのです。


今すぐチャレンジ!

★あなたには、どのような役割がありますか?

「役割」はひとつではありません、会社から求められているもの、上司から求められているもの、取引先から求められているもの、後輩から求められているもの……などさまざまな役割があります。

また、子どもがいれば、父親としての役割もあります。恋人がいれば、恋人の役割もあるでしょう。自分でも気づかないうちに、実は、あなたも多くの役割を演じています。

そして、それらの役割は、それぞれ期待されるものが違うのです。

★今やっている仕事で、相手は何を求めていますか？

仕事にはすべて意味があります。

自分にとっての意味だけではなく、相手が何を求めているか、会社が何を求めているかを考えてみましょう。

それがわかれば、あなたが求められているもの以上の成果を出せばいいのです。むずかしいことではありません。

中級

9 対策立案力

「ほかに手はないか」を考える

どうしてこうなるの？劇場

「えっ、欠航ですか？　まずいなあ、明日、東京で朝イチで商談があるのに……」

飛行機もダメ、新幹線もダメ。出張で秋田にいる緑川くんは、台風の影響で足止めをくらっていました。

まずいなあ。とにかく課長に報告だ。ホウレンソウ、ホウレンソウ……と。

緑川くんは、会社にいる課長に電話をかけて、現在の状況を説明しました。

「……というわけで、秋田から東京行きの飛行機も新幹線もアウトでして、はい。ですから、明日の西尾システムとの商談をキャンセルしたいと……」

緑川くんの言葉をさえぎるように、課長の怒鳴り声が受話器越しに響きました。

「バカ者！　西尾システムとは、ようやくアポイントが取れたんだろう。何をふざけたことを言っているんだ。なんとしても帰ってこい！」

「無茶言わないでくださいよ。こんな状態では帰れませんよ」

「何言っているんだ！　青森に出張中の白河くんからは、今から帰ると報告があったぞ」

「青森は偶然、電車が動いていたんじゃないですか？」

「バカ者！　おまえはどうして考えないんだ。頭を使って帰ってこい。方法はいくらでもあるだろう」

「頭を使えと言ったって……秋田から東京への交通手段はすべてアウトなのに……どうしてこうなるの？」

◉「できません」「無理でした」は禁句

私が通っているスポーツクラブは、近くて便利ですが、設備が古くて困ることもあります。特にドライヤーが4台しかなく、時間帯によっては、ドライヤー待ちをする場合があります。

そのような状況の中で、ただじっと並んで待っている人もいれば、別の行動をとる人もいます。

そうです。先に着替えをすませたり、体重計に乗ったり、トイレに行ったりと、別の行動を先にするのです。

「ほかに手はないか」

これが、仕事のできる人の考え方です。

的外れな仕事をする人は、ある方法で行動を起こそうとしたとき、その方法が使えないと、「もうできない」と思ってしまいます。そして、上司に「できない」と報告を上げるのです。

目的地に向かう道は一本しかないと思いがちですが、少し頭を柔らかくすれば、いろいろな対策が出てきます。回り道もありますし、空を飛んでいく方法もあります。海を渡るという方法もあるでしょう。

いざというときに、「ひとつの方法しかない」という考えにとらわれると、難局を乗り越えられません。

「できません」

「無理でした」

これらは、仕事をするうえで禁句です。

それは、考えることをやめ、自分の仕事を放棄したのも同然です。

「できません」

「無理でした」

これらの言葉は、あなたの頭から消し去りましょう。

その代わり、このようにつぶやくのです。

「ほかに手はないか？　必ずある」

原因がある以上、解決しない問題はありません。原因がないとすれば、考えるという行動が足りていないだけです。

●できる人は、ひとつの方法に執着しない

私が入社4年目の頃、仕事で使っていた携帯型の値付けタグが故障したことがあります。私は、とりあえず電池を入れ替えたり、説明書を見たりしましたが、一向に直りません。

「もう買い替えるしかないな」と思った私は、上司に「いろいろと手を尽くしましたが、やはり直りませんでした」と報告しました。

その報告を聞いた上司は、私の前でその機械メーカーに電話し、説明を聞きながら機械を操作し始めました。するとどうでしょう。直ったではありませんか。

「直らないのではなく、直そうとしていなかっただけだ。もっと考えてほしかった」

私は上司に、そう告げられました。

ひとつの方法がダメだからといって「無理だ」と思い込む——。これは的外れな仕事をしている人です。

最近では、自分の唯一考えた方法が壁にぶつかったときに、乗り越えることができず、ふさぎ込んだり、逆切れしたりする人もいます。これでは、「できない、できない」と泣き叫ぶ子どもと一緒です。

ひとつの方法だけでは、ダメなのは当たり前。「必ずほかに手がある」と思っていくつもの方法を考える——。

これが、仕事のできる人の考え方です。

●あきらめるのは「5つの方法」を試してから

忙しいあなたは、おそらくスケジュール調整をするのもひと苦労でしょう。

限られた時間の中に詰め込めるスケジュールは限られています。

しかし、スケジュールの詰め方を変えることで、きれいにはまることもあるのです。

「ほかに手はないか？」

そう考えるだけで、とてつもなく高く感じていた壁も、必ず乗り越えることができるはずです。

ギブアップするのは、最低でも5つの方法を試してからです。

皿回しをする際に、大事な皿をもってくるのを忘れたとします。

あなたなら、どうしますか。とても取りに帰る時間はありません。

そのとき、「いつも使っている皿がないからダメだ」と落胆し、途方に暮れる的外れな皿回しと、「ほかに手はないか」と考える仕事のできる皿回しに分かれるのです。

考えなければ、途方に暮れるしかありません。仕事のできる皿回しは、「いつも使っている皿の代わりになるものはないか?」を考えます。

すると、このような発想が生まれます。

「皿の代わりにバケツを回すことはできないか?」

「近くの店に皿を買いに行くことはできないか?」

的外れな仕事をする人は、途方に暮れて、「仕事ができない」と主催者にお詫びをすることしかできません。

今すぐチャレンジ！

★あなたが「無理だ」と思ったことは何ですか？

そのときは「無理だ」と思った理由があったと思います。しかし今、客観的に考えれば、それは本当に無理だったのでしょうか。ほかに打つ手はなかったのでしょうか。

★今から1万円で外国へ行けますか？

「今から1万円で外国へ行きなさい」というミッションがあったら、あなたはどう考えるでしょうか。通常だったら無理なことこそ、克服する価値があります。

枠にはまらない発想で考えれば、「空港の近くで芸を披露して残りの資金を稼ぐ」など、外国へ行く方法は見つかるはずです。

中級

10 組織活用力

「誰に聞けばよいか」を考える

どうしてこうなるの？劇場

「おい、緑川。何やってるんだ！　さっきから仕事が進んでいないようだが」

「あっ、課長。さっきパソコンの電源を誤って抜いてしまい、つくっていたファイルが途中で全部消えてしまったんです。それを探していたのですが、どうしても見つからなくて……」

「それを何時間やってたんだ？」

「えっーと、昼休みからですから、2時間ほどです」

この会話を聞いていた黒田くんが、2人の間に割って入ってきました。黒田くんは、パソコンに詳しい後輩社員です。

「先輩、もしかして自動バックアップを探しているんですか？」

「ああ、それそれ。自動バックアップってやつ？　それだよ」

「それなら、このフォルダに入っているはずですよ……。あれ？　先輩、上書きしちゃっていますね。これだと、データを修復するのは、ちょっと無理ですね。すぐに声をかけてくだされば、なんとかなったのですが……」

「そんなぁ……。あっ、課長、すみません。今日は残業になりそうです」

「バカ者！　どうして自分でできないくせに、人に聞かないんだ。頭を使え！」

「そんなぁ、自分で何とかなると思ったのに……どうして、こうなるの？」

◉「上司や専門家に聞く」のが失敗しない秘訣

「わからないなら、なぜ誰かに聞かないんだ」

このようなセリフを聞いたことがないでしょうか。

このセリフは、あなた自身の判断で行った仕事の成果が上司の期待していた成果と違ったときや、仕事が思うように進まないときによく聞かれます。

仕事には、自分自身で処理できる仕事と、自分自身では解決できない仕事がありま す。どちらが多いかと言えば、職種や仕事の環境によりますが、多くの場合、仕事はほかの仕事とのつながりで成り立っているので、自分ひとりだけで解決できる仕事は少ないのです。

また、ひとりだけで下す判断は、誤りも少なくありません。しかし、誤りがあったとしても、自分自身の中で正当化してしまうので、誤りが自分の中では「正しい判断」となってしまいます。

だから、**特に前例のない仕事などは、自分自身で解決せずに、専門家や上司のアドバイスを受ける。これこそ、判断を間違えないための大切なポイント**です。

まわりの人に相談したり、アドバイスをもらったりするのは、仕事のできる人が当たり前にやっている行動です。

的外れな仕事をする人は、自分自身の考えや想いだけで仕事を進めます。

また、5秒考えてわからないものは、それ以上同じ状態で考えても、まったく思考は進みませんし、逆に袋小路に入り込むようなものです。

仕事のできる人は、5秒考えてわからなければ、詳しい人に意見を聞くか、またはまわりの人に助言を求めます。

つまり、自分の頭で思い浮かばなければ、他人の頭を使うのです。

ですから、自分で考えたけれど不安があるときは、ためらうことなく、ほかの誰かに聞いてみるのです。

「自分より、この案件に詳しいのは誰か？」

このように考えれば、自分の思い込みによる失敗を防ぐことができます。

他人に聞くことを恥ずかしいと思う人もいるかもしれませんが、聞かずに的外れな仕事をすると、一生の恥になります。それればかりか、聞かずに行動を起こすことによって迷惑を被る人もいるのです。

●できる人は「聞き方」が違う

人に聞くことは大切ですが、注意したいのは、**「まず自分で考える」というプロセスは外さずに実行する**ことです。

考えもせずに他人に聞くのは、考えることを放棄していることになります。真剣に考えれば、「まったくわからない」ということはないはずです。

しかし、自分で考えても、自らの進め方や判断に自信がなく、不安な気持ちになる人はいるでしょう。

そういう人は、まわりに助言を頼むときに、「教えてください」とすべてを聞くのではなく、**「自分はこのように進めようと考えていますが、どう思いますか」**と自分のやり方に絞って確認してください。

このような聞き方をすれば、相手も楽に答えることができます。

「この件は、どうしましょうか」というのは、考えていない人の聞き方です。一方、考える人の聞き方はこうです。

「この件は、これでよろしいでしょうか」

上司から指示を受けたら、５秒考える

「誰かに聞く」という行動は大切ですが、もっと大事なのは、**「聞ける人のリストを頭の中につくっておく」**ことです。

まず最初に、あなたの頭の中に浮かぶのは自分の上司でしょう。

もちろん、上司に質問したり、確認をとったりするのは大事ですが、質問ばかりすると、煙たがられる場合もあります。そのときは、上司に途中の経過報告を入れるようにすると、それが質問の代わりになります。

質問の一番よいタイミングは指示を受けたときです。

指示を受けて了承したあとに、時間をおいて数回、質問に行く人がいますが、これは考えない人の仕事です。

仕事のできる人は、**指示を聞いても、すぐには「はい」と言わない**のです。

指示を聞いたときに、確認すべきことを考えるからです。

指示は受けるだけではダメです。指示を受けたときに、5秒考えるのが大事なポイントです。

◉「誰に聞くか」のリストを頭の中に入れておく

また、わからないことはなんでも上司に聞く人もいますが、上司は、あなたひとりの上司ではありません。上司には部下が数人いるので、あんまり頼られたら、上司も困るでしょう。

だから、上司以外に相談できる人を、頭の中のリストに入れておく必要があります。

・エクセルの使い方がわからないときは誰に聞くのか
・書類関係のフォーマットがほしいときは誰に聞くのか

・官公庁から問い合わせが来たときは誰に聞くのか

これらをすべて上司に聞いたら、上司も困りますよね。

もし、聞く人がいないのであれば、あなたのネットワークに問題があります。もっとネットワークを広げて考えると、必ずあなたより専門知識をもった人が見つかるはずです。

あなたの携帯電話の電話帳には、さまざまなジャンルの〝専門家〟のリストが入っているでしょう。

社内だけの人材に限ると、活用できる〝専門家〟は少なくなりますが、社外に視野を広げると、だいたいのことは相談可能ですし、解決できます。

頭の中に、「この問題のスペシャリストは誰なのか」という電話帳をもっておくと、さまざまな場面に対応することができます。

また、必ず複数の確認をとったうえで仕事を進めることも大切です。それこそ、ムダな仕事をしないための鉄則です。

中級
創造力
洞察力
当事者意識
対策立案力
組織活用力

皿回しも、練習をしすぎて手首を痛めることがあります。腰が痛くなることもあるでしょう。

そのときは、自分で安易に「大丈夫だ」と判断せずに、病院へ行って診察をしてもらいます。これが仕事のプロの考え方です。

考えない人は、自分で「大丈夫だ」と思い込み、練習を続けます。

その結果、本番で棒をもてないほど腰が痛くなり、観客をがっかりさせることになるのです。

今すぐチャレンジ！

★誰から何を相談されましたか？

あなたもまわりの人から見れば、何かの専門家です。あなたが、どのような助言を求められるかで、あなたの強みがわかります。

そして、その助言を与えることによって、信頼関係が生まれ、あなた自身も逆に相談できるネットワークをつくることができます。

★次に何かをするとき、まわりの人に相談してみよう

「明日はどの映画を観に行こうかな」でも、「ご飯は何を食べようかな」でもかまいません。近くにいる人に、これから自分がやろうと思っている行動を言ってみてください。きっと、自分が思いつく選択肢とは異なる選択肢が出てくるはずです。

インバスケット

上級編★★★

上級

11 段取り計画力

「仕事は進んでいるか」を考える

どうしてこうなるの？劇場

「ふう、なんとか間に合った」

午前8時50分、朝礼は55分からなので、ほぼぴったりに到着。

「おっ、朝礼、朝礼」

課長が、部員の前でむずかしい顔をして、昨日の結果を報告しています。

「おい、緑川、今日はこのあと、キミと一緒に仁科商事に行くからな。それから、あちらの責任者の方と昼食をとってから、産業文化センターで来週の展示会の打ち合わせだ。段取りはしておいてくれているよな。それから、明後日の本木物産との打ち合わせの時間は決まったのか？　場所は都内のアルババホテルがいいんじゃないか」

――うわっ。課長と同行するのは、今日だったっけ……。まいったなあ。たしか社内で製造課の人との打ち合わせが入っていたんじゃないかな。あと、新しいパンフレットの入稿時期を確認しないと。来週は展示会でバタバタするからなあ。まっ、明日やればいいか。今日は同行に専念しよう。

そんなことを考えていると、課長の声が飛んできました。

「おい、タクシーは呼んでいるんだろうな。相手先の場所の確認と、昼食の場所の予約、それと相手の人数の確認は大丈夫だよな」

「え、タクシーで行くんですか？　それと相手先の場所は、課長がご存じではないんですか？　昼食の場所……いや、大丈夫です。あの付近は飲食店が多いので……。相手の人数は、たぶん１人か２人だと思います」

「おまえ、何をやっているんだ。あれだけ段取りしておけと言ったのに」

「いえ、きちんとアポはとっています」

「念のために聞くが、そのあとの産業文化センターも展示会場を見られるように手配してあるだろうな」

「担当者との顔合わせだけです。見学されるのでしたら、あとで電話しておきます」

「なにやっているんだ。ということは、まさか本木物産の打ち合わせの時間も、まだ打診していないんじゃないだろうな」

「えっ、まあ……。明後日なので、今日打ち合わせが終わって帰社したあとに、メールを送っておきます」

「本当に段取りが悪いよなあ。もういいよ！　明後日の本木物産はほかのやつに頼むから。とにかく、すぐにタクシーを呼べ」

すぐにタクシー会社に電話しますが、到着まで30分かかるとのこと。それを課長に報告すると、カンカンになって怒り出しました。

「いつもは、すぐにタクシーはつかまるのに……。それに、そんなにたくさんのことを同時にできるわけがないじゃないか……どうしてこうなるの？」

◉会社は「より多くの仕事を回せる人物」を求める

仕事は皿回しです。

仕事の成果が出る人は、いくつもの皿を同時に回しています。

1枚より2枚、2枚より3枚……。これからの超効率的なビジネススタイルを要求される時代では、ひとつの仕事を確実にこなすだけでは、評価されません。より多くの皿（仕事）を回さなくてはなりません。

それは現場だけではなく、管理者になっても同じです。これまで、ひとりで10名をマネジメントすれば十分だった管理者が、今では20名を同時に見なければならない時代です。ひとりあたりの仕事は確実に増えています。

そのような状況の中で、「私は1枚の皿しか回せません」などと言おうものなら、あなたは、今のビジネス社会から高い評価を受けることはないでしょう。

会社は、より多くの皿を回せる人物を求めているのです。

では、より多くの皿を回せる人は、どのような行動特性をもっているのでしょうか。

段取り計画力　課題形成力　目標設定力　リセット力　逆算力

同時にいくつもの仕事ができる人は、仕事を常に動かす方法を知っています。

「常に仕事を動かす」とは、あなたが常に働くという意味ではありません。**あなたが止まっていても、常に仕事が進む**ことを言います。

皿回しでたとえるなら、いかに機敏に皿を回す人でも、手は2本しかありませんし、頭はひとつしかありません。本来回す皿の数には、限界があるはずです。

しかし、優秀な皿回しは、朝、他の人と同時に皿を回し始めても、昼には回っている皿の数に差が出てきます。優秀な皿回しのほうが、たくさんの皿を回すことができているのです。

この差は、**段取りをする力**によって生じます。

●「仕事は止めない」が原則

あなたが、いくつもの皿を回している様子をイメージしてください。

ひとつの皿の回転スピードが遅くなってきました。すると、あなたは慌てて、その皿のところへ行き、皿を回します。すると今度は、反対側の皿が落ちそうです。慌てて、その皿を回しに行かなければなりません。

2枚の皿の間を行き来していると、突然、上司から別の皿を回すように言われます。上司は、さらに離れた場所で皿を回して、あなたに渡します。

このような状態では、数枚の皿を回すのがやっとです。ろくに食事もとれないでしょう。会議などがあれば、すべての皿をいったん止めることになります。

しかし、段取りの上手な人は違います。2枚の皿の間で数枚の皿を回して、その間を行き来するついでに回し続けます。そして、皿を回しながら食事をとる準備をしています。会議に呼ばれても、段取りのよい人は、誰かに頼んだり、他の部署の人に皿を回してもらいます。決して仕事を止めることはありません。

「仕事は止めない」が原則なのです

先ほどの「どうしてこうなるの？劇場」で言えば、前日にタクシーの手配をすませて、朝早めに出社し、課長とすり合わせをしておく。また、メールでのアポ取りは、相手がいつメールを見るかわからないので、早めに送信しておく——。つまり、同時にたくさんの皿を回しながら、チェックする体制が望ましいのです。

◉段取りが下手な人は、料理も下手

皿回しの例にも、そろそろ飽きてきた頃だと思いますので、次は料理を例にお話ししましょう。

あなたは、チャーハンとラーメンをつくっています。

料理をつくっている途中で調理を止めると、どうなるでしょうか。

おいしくなくなりますよね。料理も、いくつもの作業を手早く並行的に行わなければ、おいしいものはつくれません。

だから、台所は、あまり動かなくてすむようにレイアウトされていて、よく使う調味料などは手の届く範囲に用意されています。

チャーハン用のフライパンを温めて、油をひいたあと、卵をといて放り込む。フライパンの横では、インスタントラーメン用のお湯がぐつぐつとわいてくる。そこに麺を放り込んでから、チャーハンのフライパンに目をやると、すでに卵が焦げてきている。慌てて卵を混ぜ合わせて、ご飯を入れる。

段取りの違いが大きな差を生む

段取りが下手な人

段取りが上手な人

「うーん、少し具が少ないかなあ」と考えながら、冷蔵庫をごそごそ探している間に、チャーハンはどんどん焦げていく。ラーメンも煮すぎて、どんどんのびていく――。

これは、私が実際に昼食をつくったときの経験です。

何が悪かったのでしょうか。**実は、これも段取り**なのです。

事前に卵をといて、具材を手元に置くなど段取りをしておけば、さらにもう1品つくれるかもしれませんし、お皿を準備するなど他の作業もできるかもしれません。

●仕事を止めないように段取りを考える

段取りのよい人は、先を読んで行動します。5秒だけでも考えれば、先に何が起こるかわかります。

一方、段取りの悪い人は、他人に言われてから行動します。

ただそれだけの違いです。

会議の資料づくりでも、段取りのよい人は、早めにコピーをします。

会議の直前だと、先にコピー機を使っている人がいたり、故障したりしたときに困るからです。コピーさえすませておけば、あとはセットするだけなので、慌てることはありません。

ファクスを流すときに、ボーッと紙が流れるのを見ている人がいます。一方で、流れている間に、別の作業をしている人や、携帯でスケジュールの確認をしている人がいます。ここでも、仕事が止まっているか、仕事が回り続けているかがわかります。

取引先への確認メールも、会議に入る前に送っておく人は段取りのよい人です。メールを相手に投げておけば、自分が仕事から離れていても、仕事自体は回り続けます。

段取りの悪い人は、夕方に会議が終わってから、バタバタと取引先にメールをします。夕方にメールを飛ばしても、すぐに取引先に確認してもらえなければ、翌日まで仕事が止まってしまいます。

５秒考えて、「今送るべきメール」と「あとでもいいメール」に振り分けましょう。

その基準は、**仕事が止まらないかどうか**です。

●自分は止まっても、仕事は回し続ける

インバスケットの回答でも、「帰社後に処理します」「帰ったら考えます」などという行動がよく見られます。

これは一見、仕事が進んでいるようですが、実は止まっています。このような行動パターンの人は、仕事を止めてしまうだけでなく、段取りもできていないので、あとで一気に仕事が雪崩《なだれ》のように押し寄せてきます。だから、成果に結びつきません。

あなたが止まっても仕事は回り続ける。これが段取り力です。

段取り力のある人は、「帰社後に処理する」という判断をしても、もうひとつ行動がともないます。

会社に連絡して、「帰社するまでに、○×の資料を用意しておいてください」と頼みます。つまり、情報を集める行動をとるのです。

これは、インバスケットでは「問題分析力」などと言いますが、帰社後すぐに処理できるように、自分がいない間に、誰かに情報を集めておいてもらうのです。

「仕事は進んでいるか」

「帰社後に処理する」という判断をしたあとに、このように5秒考えられる人は、段取りよく仕事をこなすことができます。

上級
段取り計画力
課題形成力
目標設定力
リセット力
逆算力

今すぐチャレンジ！

★本を読み終わったあとの行動を考えよう

この本を読み終わったあとに、何をしますか？　そして、その次にすべきことはなんですか？　そのために準備しておくものはないですか？

些細なことであっても、先へ先へと考えましょう。

★同時に別の作業をしよう

「返信していない友人にメールする」「たまった携帯メールの削除」「パソコンの最適化」など、いくつかの作業を並行して行う練習をしましょう。

上級

12 課題形成力

「本当の原因は何か」を考える

どうしてこうなるの?劇場

緑川くんは、課長に呼び出されました。

「緑川、今月も営業成績が苦しそうだな」

「課長、そうなんです。頑張っているんですが……」

「うーん、3カ月連続で昨年割れは重症だろう。で、原因は何なんだ?」

「やっぱり、要領が悪いと言いますか、運が悪いと言いますか……」

「おいおい、それって、先月も言っていなかったか。もっと具体的に原因を調べろと言っただろう。きちんと調べたのか？」

「そこなんですよ。ライバル社の営業マンと鉢合わせになったり、とにかく運が悪いんですよ。いや、もちろん、私の努力が足りないのですが……」

「なんだ、その言い訳は。それは、調べたと言えないだろ」

「はあ……そうなんですが……」

「どの取引先の売上が悪いのか？　商品別に見るとどうか？　アプローチの数はどうか？　こうやって具体的に調べないと、手の打ちようがないぞ」

「えぇっと、全体的に悪いですね。アプローチも自分なりに頑張ってはいるのですが……」

「緑川、いい加減にしろ！　それじゃあ、成績なんて上がらないぞ。少しは考えてみたらどうだ」

「考えろと言われても……どうしてこうなるの？」

◉「きっと○○のせいだろう」は同じ失敗を繰り返す

床に落ちて割れた皿は、もう元には戻りません。

だからと言って、落ちてしまった理由を考えることなく、ほかの皿を回していたら、次に落ちて割れる皿が増えるだけです。

「どうして失敗したのか」を分析しないと、いつまでたっても改善できません。

仕事に失敗はつきものです。失敗すれば、信頼をなくしたり、自分の時間をロスしたりと、失うものばかりが目につきますが、一方で得るものもあります。

何かわかりますか?

失敗した原因です。これは、失敗した人でないと得ることができません。失敗が成功のカギになるのです。

ところが、多くの人は、失敗することで唯一得られる宝を放置しています。

失敗したら、次のように考えなければいけません。

「(失敗した)本当の原因は何か」

多くの人は失敗すると、次は失敗しないようにしようと反省します。

そして「なぜ失敗したのか？」と考えます。

この考え方でも間違いではありませんが、この問いかけでは、漠然とした仮説しか浮かびません。

「きっと○○のせいだろう」

このような漠然とした仮説からは、具体的な原因追及までたどりつくのはむずかしく、「この仮説が原因だ」と短絡的にとらえてしまいます。これは危険な発想です。

なぜなら、○○の部分には、定性的な言葉、つまり、考え方によって異なるとらえ方をされる言葉が入るからです。


「きっと、たまたまだろう」

「きっと、頑張りが足らなかったのだろう」

「きっと、運が悪かったのだろう」

これでは改善などできるはずもありません。

「きっと○○のせいだろう」といった漠然的かつ定性的な考え方ではなく、**「原因は……である」という限定的かつ定量的な考え方ができるかどうか**が、仕事のできる人と、的外れな仕事をする人を分けると言っても過言ではありません。

皿回しに失敗したとき、「きっと、タイミングが悪かったのだろう」と考える人は、また皿を割ります。「タイミング」というあいまいな言葉では、具体的な行動を改善できないからです。

「原因は、皿を回す順番を決めていなかったからだ」と考えた人は、具体的に皿を回す順番を変えます。

このように行動を変えることが有効な再発防止策となり、次に同じような失敗が起きる確率を低くすることができます。

●「想定外」で片づけるのは許されない

仕事のできる人と的外れな仕事をする人の違いは、「本当の原因は何か」と考えられるかどうかで生じます。しかし、**実は、「原因を特定する方法」を知らない人が多いのも事実**です。

原因を特定する方法を知らないから、「気合いが足りない」「運が悪かった」といった、原因の特定をしなくてもすむ理由へと、思考が逃避してしまうのです。

東日本大震災以降、「想定外」という言葉がよく聞かれましたが、私の部下のひとりが自分の失敗に対して、この言葉を使ったときには、厳しく叱責しました。

想定できなかったから、怒ったのではありません。本来は原因追及をしなければならないのに、「想定外」という言葉で片づけようとしているように聞こえたからです。

会社に損失を与えたにもかかわらず、「想定外」で片づけたり、「次は頑張る」などのあいまいな言葉でその場を取り繕ったりするようでは、ビジネスに携わる人間として失格です。

失敗を犯した以上は、必ず原因を特定すべきです。原因があるから、あらゆる事象は起きるのです。

●「なぜ？　なぜ？　なぜ？」と繰り返す

原因究明をするうえでは、さまざまな分析ツールがありますが、うまく使いこなすのは困難です。そこで、シンプルな方法をご紹介しましょう。

「なぜ？」を3回繰り返すのです。

これだけで、多くの問題の原因は特定できます。

たとえば、今月のあなたの家計が赤字だったとします。

「あーあ、きっと使いすぎたんだな、来月は節約しよう」と考えると、来月も赤字になる確率が高いでしょう。

一時的に黒字になったとしても、また赤字になります。なぜなら、本当の原因がわかっていないからです。

「赤字の原因は何なのか？」と考えることで、「収入が減ったから」「支出が増えたから」といった分析ができます。

支出が増えたとしたら、「なぜ、支出が増えたのか。原因は何か？」というように、「なぜ？」と問いかけます。

何度か「なぜ？」を繰り返し、原因を突き詰めていくと、「通信費を先月の倍近く使っていた」などの具体的な原因にたどり着きます。

●原因を探そうとしなければ、いつまでも改善しない

原因にたどり着かないのは、原因がないからではなく、原因を探そうとしていないからです。

私が以前勤めていた小売業では、6カ月に1度、棚卸という作業があります。実際の商品の在庫をカウントして、計算上の在庫高との差を明らかにする作業で、多くの場合に「ロス」と言われる不足が発生します。

ロスの原因はさまざまで、万引きなどのケースもありますが、多くの場合は、お店の価格設定作業の失敗や検品の作業漏れなどにあります。

私の担当していた店舗の棚卸の速報が入ってくると、ロスが異常に発生している店舗が必ず存在します。そういう店舗は、過去も同じようにロスが発生する傾向にあります。

その店舗の責任者は、「うちの店は万引きが多いからです」などと適当な理由を言

いますが、驚いたことに、この責任者が、別の店舗に異動すると、異動した先の店舗のロスが増えるのです。

だから私は、**「ロスは人につく」**と言っています。

ロスを多額に出した店舗には、徹底的に原因を追及させます。責任者によっては、原因を割り出し、具体的な行動に移す人もいれば、先ほどのように、「次は頑張ります」などのあいまいな報告を出してくる人もいます。

もちろん、後者の場合、改善どころか悪化する一方です。そして、後者の責任者は棚卸が終わると、なぜかホッとしています。

「これで膿《うみ》は出し切った。ゼロからのスタートです」などと誇らしげに話していたのを今でも覚えています。すべてがクリアになったと思っているのです。

これは大きな思い違いです。棚卸が終わると、すぐにお店は営業を始めます。つまり、今この時点でも、ロスは発生し続けているのです。

今すぐに変えなければ、失敗の芽はどんどん育っていくのです。

今すぐチャレンジ！

★疲れている原因を考えよう

「疲れている」というのも問題のひとつで、必ず原因があります。あなたが疲れているのであれば、あなた自身の中に原因があるのです。それを他者や環境のせいにするのは、正しい原因追及ではありません。

★目標を達成できない原因を探そう

あなたが、今年の初めに立てた目標は達成できそうですか。もし達成できそうもなければ、その原因を探してみましょう。

たとえば、「1カ月に1冊本を読む」という目標を達成できないのであれば、それにも原因があります。慌てて「今月はまとめて3冊読もう」と考えるのは、改善策ではなく、単なる思いつきです。なぜ1カ月に1冊の本が読めなかったのか、「なぜ？」を3回繰り返して考えてみましょう。

上級 ★★★

13 目標設定力

どうしてこうなるの？劇場

「緑川、今月も目標に大幅に届かないようだな」

「申し訳ありません」

「何か手はあるのか？」

「いえ、とにかく今日も商談なので、課長が朝、売り込めとおっしゃっていた製品Aを勧めてきます」

「それはいいのだが、丸岡商事との商談は、最終的にはどんな絵を描いているんだ？」

「絵……ですか？」

「目標だよ。そして、それを達成するためのストーリーはどうなんだ？」

「ですから、とにかく製品Ａを勧めて買ってもらおうと……」

「だから、ダメなんだよ。ガキの使いじゃないんだから。製品Ａだけ売ってどうするんだ。その取引先をどうしたいのか、という目標がないじゃないか」

「はあ、目標ですか……」

「もうひとつ聞くぞ。今月のキミの目標は？」

「それは、目標を達成することです」

「達成できるのか？」

「いえ、とうてい無理です」

「じゃあ、何を目標としているんだ？」

「えーっと、少しでも売上が上がるようにと……」

「バカ者！　だから、ダメなんだよ。もっと頭を使って仕事を進めろよ！」

「そんなこと言われても……どうしてこうなるの？」

◉目標設定でジョギングの成果も変わる

先日、朝早く目覚めたので、なんとなくジョギングに出かけました。はじめは快調に走っていたのですが、すぐに辛くなって歩きました。しかし、歩くだけでは、あまり気持ちのよいものではありません。

そこで、「1時間でどこまでたどり着くか挑戦しよう」と思いつきました。再び歩き出したのですが、それも、どこかしっくりきません。モチベーションが上がらないのです。時計を見ながら歩いているので、スポーツジムのランニングマシーンの上を歩いているような、退屈な感覚に陥ってしまったのでしょう。

再び作戦変更です。今度は、**「1時間で、ある地点まで行く」**と目標を決めて歩き出しました。時計を見ながら、走ったり歩いたり、ペースを考えて進みます。

予想より早く到達したので、「もうひとつ向こうの歩道橋まで行こう」と考えました。目標を再設定したのです。

結果的に、最初に設定した目標より遠くまで行くことができました。充実感もあり、気持ちのよい時間でした。

◉目標達成の「ストーリー」をつくる

目標がある人とない人は、うしろ姿を見ればわかります。

目標がある人は、テキパキと動き、まっすぐその場所に向かいます。

目標のない人は、動いてはいますが、ふらふらしています。それはそうですよね。目標がないのですから……。

私が小売業で働いていたときは、全体の売上目標のほかに、もっと具体的な目標を決めていました。たとえば、「新商品を1日で100個売るぞ」という具合です。

このような具体的な目標を立てると、昼の時点で新商品がまったく売れていなければ、売り方を変えたり、売り込みをかけたりといった行動をとることができます。

目標がなければ、1個売れようが、100個売れようがあまり関係ありません。もちろん、改善策などを実行することもないでしょう。

つまり、**目標を考えれば、それを達成するためのストーリーが生まれます。目標がないと、ストーリーは生まれません。**

「1日で100個売る」と決めたのに、午前中にまったく売れなければ、「どのようにして目標を達成するか」方法を考えます。これがストーリーです。

具体的には、「売り場を前面にもっていく」「レジ前の目立つ場所にも置く」といった方法が考えられます。そうして、「前面にもっていった売り場で80個売ろう」「レジ前で20個売ろう」というストーリーをつくります。これを「販売計画」と呼びます。

目標は、具体的に設定する必要があります。「今日100個くらい売れればいいな」は目標ではありません。単なる願望です。

また、目標は大きすぎても、ぼやけたものでもダメです。

「店舗全体で1日100万円売る」では、何をどうしたらよいかわかりません。もっと具体的なレベルまで落とし込む計画があって、初めて目標になります。

ジャンプするのは、到達する場所を決めてから

忙しくなると、目先の作業ばかりに気をとられ、目標がわからなくなります。目標が見えなくなると、目の前の作業をするばかりになり、やる気が失われていきます。

だから、「自分は何のために、この作業をしているのだろうか」と目標を意識することが大切になるのです。

あなたの目の前には川が流れており、石が川のあちこちに頭を出しています。あなたは、その石を使って、ぴょんぴょんと飛び移っていきます。しかし、やみくもに目の前の石を飛んでいっても、対岸にはたどり着けません。

なぜなら、目の前の石の向こうに、次の石があるとは限らないからです。

目先の石を飛ばない。到達する場所を決める——。それが目標設定力です。

仕事をする以上、必ず目標があるはずです。しかし、ときに与えられる目標が、とてつもなく高いことがあります。このようなときは、考える力もわいてきません。

そのような目標にぶつかったときは、与えられた目標とは別の自分の目標を設定してください。

たとえば、全体の目標は達成できなくても、「ある1部門の売上は達成させる」など、頑張れば達成できる目標を設定するのです。

仕事ができる人は、達成できる目標を設定し、確実に前へ進みます。一方、的外れな仕事をする人は、「どうせ達成できないから、適当に頑張ろう」と考えます。

見えないほど遠い目標は、目標ではないのです。

上級
段取り計画力
課題形成力
目標設定力
リセット力
逆算力

●目の前で起きていることは、すべて「チャンス」

ゴール、つまり目標を設定できない人の中には、自分で目標を設定することにおびえている人もいます。「できなかったらどうしよう」「きっと無理だ」などと思ってしまうのでしょう。

たとえば、ある取引先とのアポイントがとれて、商談のチャンスがめぐってきたのに、「あそこは大企業だから、おれなんか相手にしてくれないだろう。きっと無駄に終わる。そうなると、課長に叱られるな」と受け取る人がいます。

逆に、「あの企業の商談が成功すれば、最低1000万円の売上になる。さらに、子会社を入れると3000万円の商談だ。どうすれば突破口を開けるか」と受け取る人もいます。

同じ事象でも、目標設定ができる人は「機会」ととらえます。一方、目標設定ができない人は「脅威」ととらえます。だから、目標を設定できないのです。

目の前で起きていることは、すべて機会です。ぜひ目標を立てて、ストーリーを考えてください。

今すぐチャレンジ！

★この本を読み終える日時を設定しよう

目標となる日時を決めたら、時間配分を考えましょう。目標は、少し背伸びをすれば届くくらいに設定します。そうすれば、ストーリーをつくるのも面白くなるはずです。

★明日の目標を設定しよう

たとえば、「ありがとうと3回言われる」「1日の摂取カロリーを2000キロカロリー以下に抑える」「夜の9時には自宅に帰っている」など、具体的な目標をつくり、達成する充実感を味わいましょう。そうすれば、目標を達成するための「考える力」が身につきます。

★★★ 上級

14 リセット力

「白紙に戻そう」と考える

どうしてこうなるの？劇場

「おい、緑川、来週17日の企画は固まっているよな」

「あっ、先輩、大丈夫です。毎年恒例のバーベキューですから。昨年と同様、多摩川の河川敷にしようと思っています」

「え？　あの河川敷は、今年からバーベキュー禁止だぜ。おまえ知らないの？」

「マジですか。ヤバイ、どうしよう。別の場所を探さなきゃ」

緑川くんは、あわててインターネットや雑誌などで情報収集を始めました。しかし、手ごろな場所がなかなか見つかりません。

「うわっ、ヤバイなぁ。河川敷は、ほとんどバーベキュー禁止じゃないか。千葉にはあるけど、遠いしなあ。待てよ、バスをチャーターすればいいか。でも、予算がないなあ……。うーん、どうしよう」

そこへ後輩の金田くんがやってきました。

「先輩どうしたんですか？　えっ！　まだ来週の企画、決まっていないんですか」

「いや、バーベキューは決めたんだけど、場所がなくてさあ」

「バーベキューにこだわらなくても、いいじゃないですか」

「いや、もうバーベキューに決めたから……」

緑川くんが困り果てていると、課長の怒鳴り声が飛んできました。

「緑川！　バーベキュー、バーベキューってうるさいぞ。ろくに仕事をしないくせに遊ぶときだけは時間を使いやがって。仕事しないならとっとと帰れ！」

「そこまで言わなくても……。どうしてこうなるの？」

◉仕事ができる人は「白紙ベース」で考える

仕事を進めるにあたり、さまざまな制約やしがらみ、前提などを頭に入れておくことは大事です。しかし、規則や制約ばかり気にしすぎると、がんじがらめになり、新たな発想が生まれなくなります。

的外れな仕事をする人は、規則や制約を理由に、「どう言い訳しようか」と考えます。一方、仕事のできる人は、まったく別の発想を打ち出したり、計画を変更したりします。だから、成果に結びつきます。

その違いは、こう考えるかどうかによって生じます。

「リセットしてみよう」

「リセットする」とは、すべてを放棄することではありません。物事をゼロベースで考えたり、いったん白紙に戻してから考えたりすることです。

たとえば、ある取引先に企画プランを数回説明し、そのたびに時間を費やしているのに、なかなか契約に結びつかない。さらに、価格がどうしても折り合わない。

このような状況だとしたら、あなたはどうするでしょうか。

なんとかして打開策を見つけるでしょうか。

それとも、潔くあきらめるでしょうか。

仕事ができる人は、白紙ベースで組み立て直します。

一方で、的外れな仕事をする人は、今までの経緯にこだわるので、うまく物事が進まないと、思考が停止してしまいます。

仕事のできる人は、たとえば、すべて白紙に戻して、相手の希望の優先順位をもとにプランを立て直したり、まったく別のプランを提案したりします。あなたに、それができるでしょうか。

◉リセットすると、見えないものが見えてくる

私は、魚釣りによく出かけます。あるとき、隣で糸をたらしていた釣り人が、竿をあげてみると、糸が複雑に絡まっていました。

その釣り人は、絡まった糸を必死でほどこうとしていました。しかし、結局30分後、

どうしてもほどくことができず、その人は釣りをやめて帰ってしまいました。

かなりイライラしていたようです。まわりがバンバン釣っていたので、さぞ悔しい思いをしていたことでしょう。

この釣り人が、糸をほどこうと、地道に努力していたのはすばらしいことですし、ときには時間をかけて解決しなければならないこともあります。

しかし、**釣り糸が絡まったら、ほどこうとせずに、「仕掛けごと取り替える」という発想があってもよい**のです。

釣り糸をほどくことが目的ではなく、魚を釣ることが目的だととらえれば、別の発想ができるはずです。

これを**「考え方をリセットする」**と言います。

リセットすると、見えないものも見えてきます。「今の仕掛けを使わなければならない」という思考の枠から抜け出せれば、釣り人の成果は違っていたのではないでしょうか。

この思考の枠は、実はもともとあるものではなく、自分自身がつくり出しているケースがほとんどです。自分で自分の枠を決めているので、枠から出る発想ができないのです。

環境もまた、発想に大きく影響します。

枠組みにとらわれている企業では、変化を好まないため、「リセットの考え方」は受け入れられないかもしれません。

しかし、従来の枠から逸脱した考え方は、決して悪いものではありません。それが、イノベーションやヒット商品を生む原石となるのです。**もしまわりが軽蔑するのであれば、それは、その人たちすべてが枠の中にはまっているからです。**

●リセットで自分の感情をコントロールする

リセットの発想をしなければならないのは、仕事が障害にぶつかったときだけではありません。自分自身が袋小路に迷い込んだり、落ち込んだりしたときもリセットの考え方が重要です。

今の感情をリセットして、プラス思考へと感情を転換することが大事です。

そもそも高いモチベーションを、ずっと維持できる人はいません。

仕事ができる人は、「モチベーションは常に上がったり下がったりするものだ」と理解しているので、早い時間でモチベーションを回復することができます。テンションが下がったときは、一度、感情をリセットすることで、自分のモチベーションを再び高めているのです。

叱られたときも、仕事のできる人は「叱られることには価値がある」ととらえるのですが、的外れな仕事をする人は、「どうして叱られなければならないのだ」ととらえ、自分自身の枠をもっと狭くしてしまいます。

的外れな仕事をする人は、「そんな簡単にプラス思考にはなれない」と言うかもしれませんが、目の前の仕事の目的を見つめ直せば、悩んでいることが小さな問題であることに気づき、前向きに物事を考えることができるはずです。くよくよ悩んでいると、いつまでたっても、悪い状態から抜け出すことができません。

リセットして考えることができれば、新たな展開に向かって進むことができます。あなたには、くよくよ考える時間などないはずです。砂時計の砂は、着実に落ちています。

あなたの頭の中にあるリセットボタンは、あなたしか押すことはできません。

今すぐチャレンジ！

★今週のスケジュールをリセットしよう

「必ずやらなければならない」という予定は、今の枠組みの中でのスケジュールです。

白紙のスケジュール帳に、「理想のスケジュール」を書き込んでみましょう。そうすることで、理想のスケジュールに次第に近づくことができます。

★モチベーショングラフを書いてみよう

今年を振り返って、日ごとのモチベーションの高低をグラフにしてみましょう。モチベーションが上がったときと下がったとき、そして回復したとき、あなたはどのような状態だったか振り返ってみるのです。

そして、モチベーションが低いときにリセットできる「リセットボタン」を見つけましょう。

上級

15 逆算力

「逆算したらどうなるか」と考える

どうしてこうなるの?劇場

「緑川、今日、大川物産と商談だよな」

声をかけてきたのは、先輩の青田さんです。

「はい、16時からです」

「それまでに、先月の商品別のレポートをつくれるか?」

「大丈夫ですよ。1時間あればできます。そのあとの大川物産との打ち合わせは、15

時くらいに会社を出れば間に合いますし」

「おう、じゃあ頼むぞ」

「緑川、できたか？」

時計の針は、すでに15時をさしていました。

「いえ、それが少し手間どりまして、もう少し時間がかかりそうです。申し訳ありませんが、明日でもいいですか？」

「おまえなあ、朝、大丈夫だと言ったじゃないか。なぜできないんだ？」

「1時間ほどでできると思ったのですが……」

「いつも期限に間に合っていないじゃないか。それじゃあ、社会人失格だぞ。いいかげんに自覚しろよ」

「すみません、明日、必ず仕上げますので。とにかく大川物産に向かわないと」

「しかたがないやつだな。で、場所はどこなんだ」

「船橋です」

「はあ？　船橋は、ここから1時間では無理だろう」

「1時間ほどで行けると思うのですが……。ヤバイですかね。今すぐ出ればなんとかなると思います」

２人のやり取りを聞いていた後輩の白金くんが、すばやくインターネットで電車の到着時間を調べました。

「先輩、今すぐ出たとしても、船橋駅に着くのは16時5分になっていますよ。しかも、大川物産は駅から10分ほど歩くんですよね？」

「えっ、マジで！　1時間あれば行けると思ったのに……」

青田先輩はしびれを切らして、怒鳴りつけました。

「バカ者！　何をやってるんだ。走って行け！」

「はいっ、わかりました！　……どうしてこうなるの？」

●計画の立て方には2パターンある

「前回はこのやり方で大丈夫だったから、今回も……」と安易な気持ちで臨んだら、失敗した――。

あなたにも、このような経験があるのではないでしょうか。私も、この類の失敗はよくしています。

自宅から空港へ向かうときの話です。

前回は6時30分くらいに家を出て余裕があったことを思い出し、「今回は、7時くらいに家を出れば大丈夫だろう」と考えたのです。

しかし、7時前に出たにもかかわらず、前回と同じようにはいきませんでした。ほんの30分の差ですが、交通渋滞が発生していたのです。

出発時間がどんどん迫り、「マズイ、間に合わないかも」と車の中で冷や汗をかきました。

計画を立てるときには、2つのパターンがあります。

「今を起点として考える方法」と「到着点を起点に考える方法」です。

今を起点に考える方法は、現時点を出発点にして、作業時間を積み重ねていきます。ですから、仕事がどんどん増えると、やっている本人も、いつごろ終わるのか見当がつかなくなることがあります。これを「積み上げ方式」といいます。

一方で、到着点を起点に考える方法は、納期や期限など仕事の完了時間を起点とし、そこから必要な時間を差し引いていきます。

つまり、限られた時間の中で、計画を組み立てることが求められるのです。これを「逆算方式」と言います。

●終了時間から逆算すれば、おのずと結果は出る

積み上げ方式と逆算方式、2つの方法のうち、どちらがよいと思いますか。

私のインバスケット研修では、試験のあとに、「グループワーク」を行います。ある課題について数人で討議して、時間内に成果を発表してもらうのです。

いくつかのグループに同じ課題を出しても、時間内で成果を上げるグループもあれば、結局成果が出ないグループもあります。

積み上げ方式と逆算方式

積み上げ方式

その場その場で
「ベストを尽くす」ことだけを
考えていると、
本来の目的を見失う

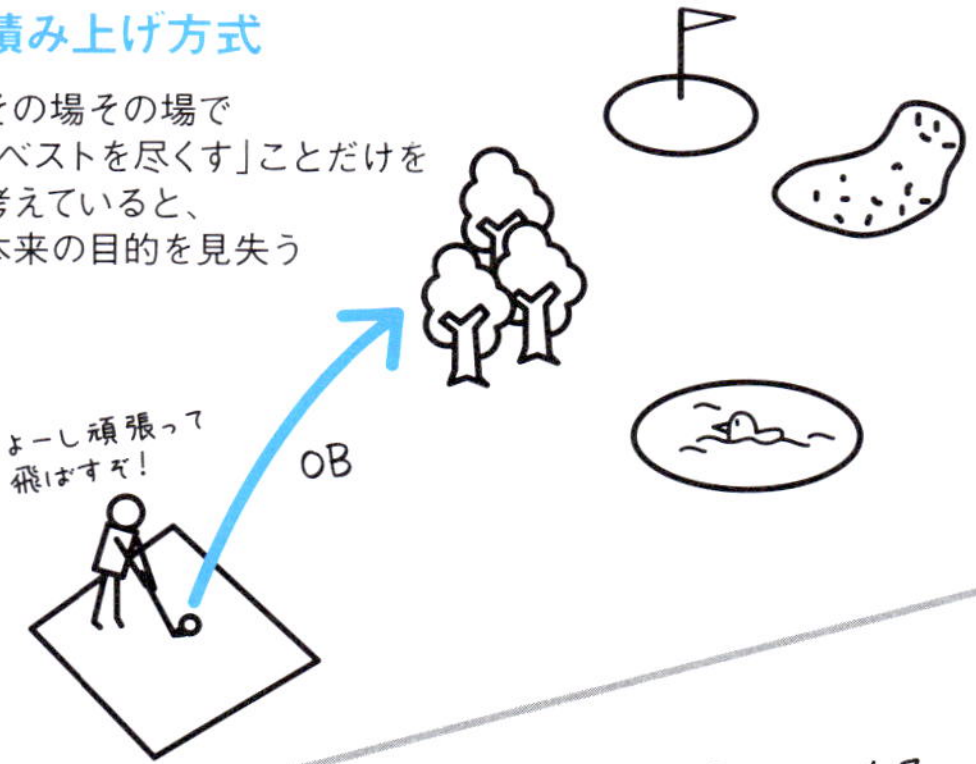
よーし頑張って
飛ばすぞ!
OB

逆算方式

まず「全体」を考え、そこから
「今、何をするのがベストか」
を逆算する

ナイス
オン!
林や池を避けて
3打でグリーンへ乗せよう

この違いは何でしょうか。

それは、終了時間から逆算して計画を立てられるかどうかです。つまり、グループワークを始める前に、こう考えられるかどうかが、成果を決めるのです。


「逆算したらどうなるか」


グループワークの時間として、20分が与えられた場合、最後のまとめに5分必要だと考えれば、残りは15分です。

15分という時間から逆算して、個人の考えを述べる時間などを設定していれば、おのずと時間内に結果は出ます。

しかし、一人ひとりが5分ほど自分の意見を述べたら、まとめる時間がなくなってしまいます。逆算ができていなければ、たとえ頑張ったとしても結果は出ません。

◉「積み上げ方式」と「逆算方式」、あなたはどっちか？

スケジュールを立てている人の8割が、積み上げ方式で考えています。これでは定時の就業時間に帰ることなどできませんし、時間は浪費される一方です。

この仕事は、あと10分ほどで終わる。そして、すぐに会社を出れば、取引先に17時に着くだろう――。この考え方は、積み上げ方式です。

本来は、次のように到達点から逆算しなければなりません。

17時10分前に取引先に到着するには、最寄駅に○時×分に着かなければならない。そのためには、自社の最寄駅に○時×分には着かなくてはならない。だから、○時×分には会社を出なければならない――。

「この時間に出れば大丈夫だろう」という安易な考えが頭の中をよぎったときは、**「逆算したらどうなるか」**と5秒考えてください。そうすれば、余裕をもったスケジュールを立てられます。

インターネットの路線検索には、「出発時刻」から計算する方法と、「到着時刻」から計算する方法があります。

あなたは、どちらのボタンをよく使っているでしょうか。この場合、「到着時間」

のボタンを押す人は、逆算方式の考え方が身についている方が多いようです。

●「遊びの時間」を考慮して逆算する

到達点から逆算する方法にも、落とし穴があります。

それは、「突発的なスケジュールが発生したとき」と、「逆算の過程が抜けていたとき」です。

突発的なスケジュールとは、急な来客や電話、事故などです。的外れな仕事をしている人は、突発的なスケジュールを頭に入れていません。

たとえば、逆算して考えた結果、取引先の駅に5分前に着けば間に合うとわかっても、電車が遅れることもありますし、なんらかの理由で会社を出るのが遅れるかもしれません。ですから、**必ず「遊びの時間」(余裕時間)を考えて、逆算する必要があります。**

もうひとつの「逆算の過程が抜けている」というのは、たとえば、取引先との打ち合わせ時間が17時からだとすると、その17時を最寄駅への到着時間に設定してしまうことを言います。つまり、駅から会社までの歩く距離を考えていないと、せっかく逆算しても、取引先との打ち合わせ時間に遅れてしまいます。

余談になりますが、スーパーやコンビニでは、「プライベートブランド」と言われる開発商品が売られています。この商品を開発する際、価格は逆算方式で決められていることが多いのです。

たとえば、一流の飲料メーカーに対抗するプライベートブランドをつくろうと思えば、まず価格を決定し、「どうすれば、その価格を実現できるか」という発想で各工程を見直していくのです。

一方、原料が34円、輸送コスト10円、パッケージ23円、デザイン5円、梱包代……というように積み上げていくと、価格は高くなりがちです。だから、初めに価格を設定し、「どの工程で、いくら削減できるか」を考えるのです。

◉定時に帰る方法を考える

時間は有限です。どの仕事でも終業時間は決まっており、その時間内に仕事を終わらせるために、スケジュールを組んでいくのが、本来あるべき姿です。

ですから、ぜひあなたに実行してもらいたいのは、**「出勤したときから、帰る準備をする」**ということです。

定時に帰るために、どのように時間を使えばいいのか――。これを考えるのが、本来のスケジュール管理であり、そのうえで、「仕事をすべてこなすためにはどうすればいいか」を考えるのです。

考える皿回しは、手当たり次第に皿を回したりしません。決められたパフォーマンスの時間に合わせて、どのように回すかを考えます。

考えない皿回しは、自分の気の向くままに皿を回し、「さあ、これからクライマックス!」というときに幕を閉められてしまうのです。

今すぐチャレンジ！

★1週間に一度、定時に帰る日を決めよう

「定時に帰るためには、どうすればいいのか」と考えるだけで、仕事は効率的になります。

そのためには、定時に帰る必要性をつくらなければいけません。無理にでも、その日の夜には予定を入れてしまいましょう。

★先取り貯金をしよう

貯金のコツは、あらかじめ毎月の目標額を設定し、その金額を別の口座や貯金箱に入れることです。そうすると、「残りの金額で、どのようにやりくりすればよいか」を考えるようになります。

「余ったら貯金しよう」と考えていると、貯金どころか、毎月の生活費さえ足りなくなるのがオチです。

第4章

「インバスケット」であなたの仕事はここまで変わる

仕事に、あなただけの「隠し味」が加わる

01

7倍高価なサラミが教えてくれたこと

先日、行きつけのレストランで食事をしたときの話です。

「おすすめのサラミがある」と言うので注文したのですが、なんでも100グラムで2000円以上もするとのことです。100グラム2000円なら、国産和牛のステーキよりも高いですよね。

サラミと言えば、スーパーのおつまみコーナーなどで売っているものをイメージしていたので、この価格には正直、驚きました。

しかし、実際のサラミを食べてみて、その理由がわかりました。とろけるような食

感で、なおかつ、しっかりとした味わい。風味も抜群です。

サラミは「肉臭い」というイメージがあったのですが、何かのハーブを混ぜているようで、まったく臭みはありませんでした。

どんな種類のハーブかは教えてもらえなかったのですが、ハーブが隠し味として、このサラミの味の決め手となっているのは、私にもわかりました。

ネットショップなどで、ちょっとしたサラミを買うと、１００グラム３００円ほどです。サラミの原料はたいして変わりません。しかし、価格設定で約7倍の差を生んだのは、ハーブというちょっとした工夫、つまり「考えた結果」なのです。

5秒考えれば、コピーのとり方も変わる

受けた指示をただこなす。これは考えない仕事です。

「考える」というほんの少しのスパイスを加えると、相手の反応は大きく違ってきます。これが仕事の成果につながります。

「コピーを5部とってください」と、新入社員教育用の問題と解答を渡されたとします。あなたならどのように対応するでしょうか。

どのようにコピーをとるかで、「考える社員」と「考えない社員」に分けることができます。

考える社員は、ただ5部コピーするのではなく、10部にしてもってきます。つまり「問題部分5部」と「解答部分5部」で分けるのです。「何に使うのだろう?」と考えれば、「問題部分と解答部分を分けて使うだろう」と予想がつきます。

考えない社員は、そのままコピーした5部を上司に手渡し、次のように言われることでしょう。

「問題と解答を一緒にしたら使えないだろう。考えたらわかることじゃないか」

そして、せっかくホッチキスでセットした5部のコピーを、問題部分と解答部分に分ける作業を指示されるのです。

考えて仕事をするとは、行動を起こす前に「5秒だけ考える」ことです。その考えるポイントがわかれば、必ず仕事の成果は変わります。

「考えること」は「疑うこと」

料理は隠し味を入れなくても、食べることはできます。

たとえば、レトルトカレーやインスタントラーメンなどは、誰でも同じ味が楽しめます。

しかし、誰でも同じ味を再現できるということは、お店でそのままお客さまに出しても、商品価値はほとんどありません。

「では、どうすればいいのか」と考えることができるかどうかで、カレーやラーメンの価値が変わります。隠し味を加えて、さらにおいしくしようと考えれば、商品価値が上がる可能性があります。

誰でもできることを、ただこなすのは、仕事ではありません。あなたしかできない仕事をするべきです。「考える」という行動は、料理で言うところの価値を生む「隠し味」となるのです。

仕事に隠し味を加えられる人は、「考える」という行動が原点になっています。

「考える」という概念が、少しピンとこないという人は、こう考えてください。

考えるためのポイントは、「疑うこと」です。

「この料理は、本当にこれでおいしいと言えるのか？」と疑うと、「考える」という

行動に結びつきます。

皿回しも、ただ皿を回しているだけだと、他の皿回しに追いつかれます。競争になれば、価格を下げることになります。

では、どうすればよいのでしょうか。

考える皿回しと、考えない皿回しとでは、将来が変わります。

皿を回す数を大きく変えられなければ、白い皿に一本線を書いてみればどうでしょう。回る速度が速く見えるなど、変化があらわれます。

そのほかにも、「ユニークな衣装で舞台に立つ」「回すタイミングをずらす」など、隠し味の入れ方はたくさんあります。

これらはすべて、「皿を回している」という基本行動は同じですが、隠し味が入っていれば、他の皿回しと差別化することができるのです。

02 指示を実行する「兵隊」から、自ら考え指示できる「指揮官」に変わる

「兵隊」になると「考える」ことが面倒になる

私は、新入社員のときに精肉売り場に配属されたという話をしましたが、そのときの上司によく言われたのが、次のような言葉です。

「あれこれ考えず、すぐにやればいいんだ」

「言われた通りにしろ」

しかし、当時の私は、いつも考えることがクセになっていました。

「このようにすれば、いいのではないか」

「本当にそうなのか」

しかし、上司は考えている私を全面否定しました。考えることが、行動の障害になっていると思ったのでしょう。

もともとは指示を受けても、考えてから行動するタイプでしたが、しだいに考えずに、そのまま行動するタイプに変わっていきました。

指示を受けたことを、そのままやればいいという気楽さを覚える一方で、自分から考える力が失われていくのがわかりました。

しかし、「社会人は、そういうものか」と半ばあきらめの気持ちで、指示をすぐに実行する「兵隊」になっていたのです。

ところが、突然、違う部署に異動になり、「考えて仕事をしろ」と言われます。

指示を受けて、すぐに行動することに慣れてしまった私には、もはや考えて仕事をする力はありませんでしたし、考える時間をとると、「時間がもったいない」という感覚になっていたのです。

それどころか、考えることは面倒だとも思うようになっていました。なぜ考えなければならないのか。自分が考えなくても他人が考えてくれる――。そんな感覚でした。

「考える力」を捨ててはいけない

しかし、入社してから数年経つと、「考えない人間」と「考える人間」に分けられて、それぞれが別のルートを歩んでいきます。

そもそも、考えることを要求される部署であれば、無理にでも考えることを習慣化できるかもしれません。

しかし、入社してすぐ、そのような部署に配属されるのは幸運なごく一部の社員で、多くの人は考えなくてもいい環境に置かれるでしょう。

だからこそ、**考えることを要求されない環境になじんではいけない**のです。

たとえ、考えない人たちと一緒に仕事をしていても、考える力を捨ててはいけないのです。

特に保守的な会社や、ワンマンのリーダーのいる部署は、考えない人が多く集まる傾向があります。しかし、その環境になじんで、あなたまで考えなくなると、いざ、考えないと生き残れない環境に放り出されたときに、仕事で価値を生み出せなくなってしまうのです。

ある会社でインバスケット研修を行ったときの話です。

会社の幹部のスコアリング結果を見て、私は驚きました。意思決定力や創造力、問題発見力が極端に低かったのです。

研修を進めていくと、その理由はすぐに明らかになりました。

その会社の社長が、ほとんどの意思決定をしていたのです。研修中も、社員が悩んでいると、「そうじゃない、こうだろ」と指示をします。

このような環境では、「社員が自発的に考えろ」と言っても無理でしょう。

自分が考えなくても、誰かが考えてくれる環境では、「考える」という人間本来の力は失われていくものなのです。

考えることができない社員が増えた会社は、まったく売れない商品でも、社長が「売れ」と言えば即、実行します。

社員は、考えずに行動に移すだけだからです。

余談ですが、この会社の研修をすることになったのは、「社員が考えない」という社長の悩みがきっかけでした。

「考えなくていい！」と言われても考える

「はじかみ」という商品をご存知でしょうか。よく正月料理の焼き鯛《たい》の上に載っている根っこが赤く、先が白いショウガの根を使った色鮮やかな食材です。昔は、鯛を家で焼いて、「はじかみ」を上に載せていたので、年の瀬にはよく売れた食品です。

私が、あるお店を担当したときに、びっくりすることがありました。

レジ前の棚に、「はじかみ」のビン詰めが山積みされていたのです。担当者に聞くと、店長の指示とのことでした。

どうやら、店長は現場にいた頃、この「はじかみ」を大量に売った経験があり、それで毎年、担当者に「売れ」と指示をしていたのです。

しかし、それは20年以上前の話で、今では家で鯛を焼く家庭は少なくなりました。同時に、「はじかみ」を載せるという風習もあまり見られなくなっています。だから、当然それほど売れません。

このような店長には、定性的な言葉を並べても理解してもらえないので、ＰＯＳで昨年のデータを集めました。やはり、昨年も大量に仕入れていますが、大量に余り、そして廃棄しています。

私は店長ではなく、担当者を叱りました。担当者は、このデータを知っていたからです。

担当者は言い訳をしました。

「おまえは考えなくていい、言われた通りしろ、と店長に言われました」と。

たとえそのように言われても、「考える」ことを放棄するのは、ビジネスパーソンとして失格です。

そのとき、私は担当者に言いました。

「考えることを放棄すると、将来は考えなくてもできる仕事しかできない」と。

考えることができない2つの理由

今、考えることができない人が増えています。しかし、考えることができれば、間違いなく成果は上がります。

なぜ、考えることができないのでしょうか。

それには、大きく分けて2つのパターンがあります。

①考えるポイントがわからない
②考えることをしない

あなたはどうでしょうか。

あなたは考え方を知らないのでしょうか。それとも、考えることをしていないのでしょうか。

これを自分で把握していないと、ポイントを知っても考えることができません。

考えることは数秒です。この数秒を惜しんで、一生を棒に振るのは悲しすぎます。

注意一秒、ケガ一生。

交通事故の多くが不注意により発生します。危険を察知し、考えていれば、人生を棒に振ることはありません。

皿回しも、師匠の言う通りに皿を回していれば褒《ほ》められます。しかし、師匠の技が今の観客に受け入れられるかは、別の話です。これからは、師匠の技では食べていけないかもしれません。

時代は大きく変化しています。だからこそ、「考える」ことが大切なのです。

03 あなたの「たったひと手間」が商品・サービスの価値を倍増させる

「ブロック肉」ではなく、「薄切り肉」を売れ！

ここまで、考えることのポイントと、考えることの大切さをお話ししてきましたが、「考えて仕事をする」ということは、あなたの利益に直結します。

精肉売り場で、いちばん儲かるのは、なんだと思いますか。ステーキでしょうか。それとも、焼き肉用の肉でしょうか。それとも薄切り肉でしょうか。

実は、この中では、薄切り肉が儲かります。

スーパーの精肉売り場を観察してみてください。かたまりのブロック肉が100グラム200円とすると、ステーキは100グラム298円、焼き肉用は100グラム

398円、薄切り肉は100グラム498円という具合に価格が変化しています。

お客さまは、「焼肉用の肉はどれにしようか」「すき焼き用の肉はどれにしようか」という目で買い物をしています。だから、価格差はわかりにくいのですが、同じ肉でも、肉の切り方、販売方法によって価格が変わるのです。

ですから、同じ1キログラムの肉でも、売り手によっては2000円の売上になることもあれば、5000円の売上になることもあります。

この差は何でしょうか。

これも「考えているかどうか」です。

薄切り肉をつくろうとすると、家庭では困難です。スライサーという機械を使わないと、キレイに切り分けられません。だから、付加価値がついて、値段を高く設定できるのです。ブロックで売れば簡単ですが、これでは高く売れません。

考える手間と加工する手間を追加することによって、価格の差が生まれるのです。

あなたは今の仕事で、ブロック肉を売っているでしょうか、それとも薄切り肉を売っているでしょうか。

もし、何も考えず、ブロックで売っているのであれば、「考える」というプロセスを加えてみましょう。2000円の売上が5000円に変わる可能性があります。

当然、あなたが受け取る報酬も、今後、何倍も変わってくるはずです。

会社は「考える人」を求めている

組織には考えない人も必要です。

すべての人が考えていると、単純作業などを行う人がいなくなったり、効率が悪くなったりするからです。しかし、考えない仕事は、受け取る報酬も少ないのが通常です。

一方で、考える人に対する企業のニーズはすさまじいものがあります。

私のもとにも、

「考えることを教えてほしい」

「管理職が考えることをしない」

などの声が多く寄せられます。

「考える人」のニーズは非常に高いのです。

考えるといっても、ＭＢＡを身につけたり、ロジカルシンキングなどのむずかしい思考法を求めているわけではありません。

5秒だけ考えて仕事をする――。そのような人を望んでいるのです。

自分が動かなくても、成果が出るしくみをつくろう

最後に、本書で紹介した考えるポイントをおさらいしておきましょう。

①優先順位をつける力――「本当にそれからするべきか」を考える
②問題発見力――「本当にそれで解決するのか」を考える
③思いやりの力――「相手がどう思うか」を考える
④自己分析力――「なぜ叱られたか」を考える
⑤確認する力――「本当にそれで大丈夫か」を考える
⑥創造力――「本当にそれが一番効率的か」を考える
⑦洞察力――「次にどうなるか」を考える

⑧当事者意識をもつ力――「相手が何を求めているか」を考える
⑨対策立案力――「ほかに手はないか」を考える
⑩組織活用力――「誰に聞けばよいか」を考える

⑪段取り計画力――「仕事は進んでいるか」を考える
⑫課題形成力――「本当の原因は何か」を考える
⑬目標設定力――「ゴール」を考える
⑭リセット力――「白紙に戻そう」と考える
⑮逆算力――「逆算したらどうなるか」と考える

このほかにもあると思いますが、まず、これらのポイントを明日から実践してみましょう。ただ、すべてを実践するのはむずかしいでしょう。まず、あなたのできそうなところだけ、ひとつでもいいからやってみることです。

大事なのは、実際に考えること、そして行動することだからです。そして、考えて仕事をできる人になり、自分のやりたい仕事を自分で進めることのできる人に、少しずつ近づいてください。ワクワクする毎日をつくっていきましょう。

確実に手の届くところから始めてください。そこから最終的な理想を実現すればいいのです。**ビジネスをしている人の最終的な理想は、自分が動かなくても、成果が出るしくみをつくること**です。

皿回しも、あなたが延々と皿を回し続けるわけにはいきません。年齢も重ねていきますし、後輩もどんどん増えてきます。つまり、ずっと舞台に立ち続けるのではなく、後輩の指導やチームを率いる役割が求められるのです。

皿回しの理想も、自分自身が皿を回すことではなく、あなた以外の人に皿を回してもらい、あなたは、次はどの場所で皿を回すか、また、いかに皿を回す人を育てるかを考えることです。

その理想を実現し、大きな成果を出すためにも、より多くの皿を回し続け、次のステップに進む必要があります。

自分が楽をして、安全に、そして安心して成果を出せるように、「考える」プロセスを習慣化してください。

文庫版　おわりに

この文庫の元となった単行本の原稿を書き上げたその日、私自身が「考えなかった」ことが原因で、失敗しそうになったことがあります。

私の住まいは大阪にあり、東京からはいつも飛行機で帰ります。通常よりも早い便で帰ることになったその日の私は、いつものように、羽田空港の第2ターミナルに着きました。

時間に余裕をもって食事をして、搭乗時間の20分前にゲートをくぐろうとしたら、チャイムが鳴りました。そのとき、ハッと気づきました。私が乗る飛行機は、第1ターミナルからの出発だったのです。

羽田空港の国内線には、第1と第2の2つのターミナルがあります。通常よりも早い便で帰るにもかかわらず、「いつも第2ターミナルだから」と、チケットを確認することなく、同じ第2ターミナルに行ってしまったのです。

このときはまず、「確認する」という、考えるプロセスが抜けていました。

また、発着を知らせる電光掲示板に、私が乗るはずの「19時30分発、大阪行き」の飛行機がなかったにもかかわらず、それは自分の勘違いだと解釈し、電光掲示板に載っている「19時20分発、大阪行き」に乗るものだと勝手に思い込んだのです。

ここでも、問題点に気づきながら、「疑問をもつ」という考えるプロセスが抜けていました。

結果的に、私は急いで第1ターミナルに走り、飛行機に飛び乗ることができたのですが、疲れたうえに、しばらくは汗だくのまま機内で過ごすことになりました。

「考えることが大事」と本に書いておきながら、お恥ずかしいかぎりなのですが、このような事態を招いたのも、やはり「考える」ことをさぼってしまった結果です。

このときは大事に至りませんでしたが、「考えない」ことによって、大切なものを失ったり、自分自身がひどい目に遭ったりするケースは少なくありません。これは誰しも経験があるはずです。

だからこそ、本書が「考える」きっかけとなり、そのようなリスクを回避するための一助となればと思っています。

今の世の中、年齢や性別を問わず、多くの方々が毎日頑張って働いておられますが、当社にも、がむしゃらに仕事をする20代の社員がいます。

本来、このようにがむしゃらに頑張っている若者は評価されるべきですが、彼らよりも少し先を生きている私から見れば、力を入れる観点が少しずれていることもわかります。

すでに40代に突入している私も、前述の飛行機の例のように「考えない」ことによる失敗をたくさんしています。

本書では、そのような私の経験を織り交ぜながら、「力の入れどころを少し変えれば、その頑張りが、そのまま成果に結びつく」ということをわかりやすくお伝えしたつもりです。

最後に、本書の文庫化に際してお世話になったＫＡＤＯＫＡＷＡの色川賢也様、関係者の皆様に心よりお礼を申しあげます。

そして、「考える」という苦しい行動に、真摯《しんし》に向き合ってくれた読者のあなたにも、心より感謝と、惜しみない拍手を送りたいと思います。

本書をお読みいただいた今のあなたは、考えながら仕事をし、そして、考えながら人生を歩むことができるはずです。ご両親から与えられたすばらしい頭を最大限に使って、幸せになりましょう！

著　者

鳥原隆志（とりはら たかし）

株式会社インバスケット研究所代表取締役。インバスケット・コンサルタント。大手流通業にて、さまざまな販売部門を経験し、スーパーバイザー（店舗指導員）として店舗指導や問題解決業務に従事する。その経験を活かし、株式会社インバスケット研究所を設立。これまでに作成したインバスケット問題は、ゆうに腰の高さを超える。現在、日本で唯一のインバスケット・コンサルタントとして活躍中。

著書に『究極の判断力を身につけるインバスケット思考』『判断力の基本』（以上、WAVE出版）、『トップ1%に上り詰める人が大切にしている　一生使える「仕事の基本」』（大和出版）などがある。
●インバスケット研究所公式ホームページ http://www.inbasket.co.jp/
●鳥原隆志公式ブログ http://ameblo.jp/inbasket55

中経の文庫
たった5秒思考を変えるだけで、仕事の9割はうまくいく

2016年 2月12日　第1刷発行

著　者　鳥原隆志（とりはら たかし）
発行者　川金正法
発　行　株式会社KADOKAWA
〒102-8177 東京都千代田区富士見2-13-3
0570-002-301（カスタマーサポート・ナビダイヤル）
受付時間 9:00～17:00（土日 祝日 年末年始を除く）
http://www.kadokawa.co.jp/

DTP フォレスト　印刷・製本 暁印刷

落丁・乱丁本はご面倒でも、下記KADOKAWA読者係にお送りください。

送料は小社負担でお取り替えいたします。

古書店で購入したものについては、お取り替えできません。

電話049-259-1100（9:00～17:00／土日、祝日、年末年始を除く）

〒354-0041 埼玉県入間郡三芳町藤久保550-1

ISBN978-4-04-601444-3　C0134